vdp
Schriftenreihe
des Verbandes deutscher
Pfandbriefbanken

Band 37

Dieses Werk ist urheberrechtlich geschützt.
Seine Verwendung und sein Zitat in Prospekten für Pfandbriefe
und Obligationen oder andere Finanzprodukte sind nicht erlaubt

Berlin, 2008

Inhaltsverzeichnis

Vorwort 4

A. Einführung und Gang der Darstellung 6

B. Verzeichnis der beteiligten Experten 11

C. Erläuterung der Schaubilder 17
    I.   Arten der Grundpfandrechte 19
    II. Publizitätserfordernisse und Vertrauensschutz 25
    III. Akzessorietätswirkungen 44
    IV. Schutz des Eigentümers 57
    V.   Vollstreckung 61
    VI. Insolvenz 84
    VII. Praktische Anwendungsmöglichkeiten 93

D. Ausblick auf ein Bewertungssystem für die rechtlichen Rahmenbedingungen von Grundpfandrechten in Kontinentaleuropa 106
    I.   Qualitative Aussage über aktuelle Grundpfandrechte 106
    II. Leitlinien für gesetzliche Verbesserungen 115

Literaturverzeichnis 130

Vorwort

Der Verband deutscher Pfandbriefbanken (vdp) hat im Jahre 1989 – damals unter dem Namen Verband deutscher Hypothekenbanken (VdH) – damit begonnen, die rechtlichen Rahmenbedingungen für Immobilienfinanzierungen in den einzelnen europäischen Rechtsordnungen zu untersuchen. Dafür haben seine Fachgremien Fragenkataloge entwickelt, die sich mit den Themen des Hypotheken- und Grundbuchrechts ebenso befassten wie mit dem Schicksal der Grundpfandrechte in Zwangsvollstreckungs- und Insolvenzverfahren. Die Ausarbeitungen waren jeweils auf eine Rechtsordnung bezogen und enthielten nur vereinzelt rechtsvergleichende Hinweise.

In den letzten Jahren hat der Bedarf an mehrere Länder erfassenden oder sogar europaweiten Darstellungen über das Recht der Grundpfandrechte stark zugenommen. Die Ursachen hierfür liegen zum einen im steigenden grenzüberschreitenden Hypothekengeschäft in Europa. Dies führt dazu, dass sich eine wachsende Zahl von Personen mit den damit verbundenen Rechtsfragen befassen muss und der Bedarf nach schneller Orientierung in einer anderen Rechtsordnung steigt, die mit vergleichenden Darstellungen und Übersichten leichter fällt. Zum anderen hat die Einbeziehung ausländischer Rechtsordnungen in den Kreditprozess und dabei vor allem in das Risikomanagement unweigerlich zur Folge, dass in den einzelnen Kreditinstituten Beurteilungsverfahren entwickelt werden müssen, um die unterschiedlichen Regelungen zu bewerten.

Solche Verfahren zur Bewertung rechtlicher Strukturen erfordern zuerst eine detaillierte Darstellung der verschiedenen Rechtsordnungen nach einem einheitlichen Grundmuster. Dieses zu entwickeln ist eine große Herausforderung. Denn die dabei gestellten Fragen müssen einerseits so allgemein gefasst sein, dass sie für alle einbezogenen Rechtsordnungen sinnvoll sind. Andererseits muss der Grad detaillierter Analyse möglichst hoch sein, um die Stärken und Schwächen der einzelnen Rechtsordnungen wirklich zu erfassen – und dies möglichst unter genauer Beachtung der Rahmenbedingungen einzelner Geschäftsmodelle oder Geschäftsarten. So spielen bei privaten Wohnungsfinanzierungen zum Teil andere Rechtsfragen eine Rolle als bei gewerblichen Immobilienkrediten.

Der vdp hat es sich daher zum Ziel gesetzt, zur Transparenz des Rechts der Grundpfandrechte in Europa nicht nur in Form länderbezogener Publikationen beizutragen, sondern auch länderübergreifende Schaubilder zu entwickeln, die einen schnellen Zugang zu differenzierten Informationen und Rechtstatsachen ermöglichen. Hierfür wurde der sog. „Runde Tisch: Flexibilität der Grundpfandrechte in Europa" ins Leben gerufen, in dem ausgewiesene Grundpfandrechtsspezialisten aus mittlerweile 22 Ländern mitwirken. In den Bänden 23 und 32 der Schriftenreihe des vdp wurden bereits 13 Länderberichte und eine Reihe rechtsvergleichender Schaubilder von Autoren aus diesem Expertenkreis veröffentlicht. Der Runde Tisch soll auch dem Bedürfnis nach einer Form neutraler Bestandsaufnahme Rechnung tragen.

Vorwort

Spätestens seit der durch die subprime-Krise ausgelösten Finanzmarktkrise sind die Anforderungen an die Transparenz von Strukturen im Kapital- und Bankenmarkt generell gestiegen. Fachleute, die sich im Rahmen ihres internationalen Hypothekengeschäfts mit mehreren Rechtsordnungen befassen, haben ihren Bedarf an übersichtlichen Darstellungen des Immobilienrechts immer wieder artikuliert. Neben ihrer Funktion als Informationsquelle haben Publikationen aber auch eine wichtige Bedeutung für die Glaubwürdigkeit einer Aussage oder Analyse, weil sie sich der Kritik des Fachpublikums offen stellen – im Gegensatz zu legal opinions über komplexe Kapitalmarktinstrumente, deren Geheimhaltung eine breite und wissenschaftlich orientierte Prüfung verhindert.

Die hier vorliegende Arbeit präsentiert eine umfangreiche Serie von Schaubildern, die das Recht der Grundpfandrechte in 22 Rechtsordnungen vergleichend darstellen und dabei die einzelnen Fragen und Antworten erläutern. Auf dieser Grundlage können nunmehr generelle und geschäftsspezifische Beurteilungsverfahren entwickelt werden. Der vdp ist bereit, die wissenschaftlich fundierte Entwicklung solcher Verfahren auch in Zukunft maßgeblich zu fördern.

Die Autoren und der vdp danken allen Experten des Runden Tisches, die durch engagierte Beiträge in den Workshops zum Fortschreiten des Projekts und der hier vorliegenden Veröffentlichung beigetragen haben. Ein besonderer Dank gilt Herrn Andreas Luckow für wertvolle Anregungen zur differenzierenden Betrachtung der Grundpfandrechte und ihrer Probleme aus der Sicht der Kreditinstitute sowie Frau Rosemarie Hafner für die unermüdliche Erstellung und Aktualisierung der auch technisch anspruchsvollen Schaubilder. Nur durch alle diese Beiträge konnten die Schaubilder den erstrebten hohen Grad an Transparenz und Übersichtlichkeit erreichen.

Berlin, Oktober 2008

Dr. Otmar M. Stöcker   Prof. Dr. Rolf Stürner

A. Einführung und Gang der Darstellung

Rechtsvergleichende Darstellungen über das Recht der Grundpfandrechte in Europa sind rar. Einige detaillierte Ausarbeitungen haben das Ziel, sich mit den Überlegungen zu einer Eurohypothek auseinander zu setzen – und stellen hierfür einige wenige Hypothekenrechtsordnungen vor.[1] Die Studien des Europäischen Hypothekenverbandes bieten ganz überwiegend[2] nur einen groben Überblick[3] oder widmen sich bloß einzelnen Aspekten in vertiefter Form.[4] Andere Arbeiten gelten lediglich einzelnen Ländern[5] oder geben einen groben Eindruck im Rahmen einer Darstellung des Sachenrechts in Form von Landesberichten.[6]

1. Rechtsvergleichender Informationsbedarf

Der Bedarf an hypothekenrechtlichen Studien ist jedoch immer dringlicher. Dies gilt nicht nur für die vielen einzelnen Kreditinstitute, die grenzüberschreitend tätig werden. Auch europaweit tätige Bankenkonzerne müssen sich aus Gründen des Risikomanagements und konzernweiter Risikogewichtungsregeln mit den Rechtsordnungen mehrerer Länder auseinandersetzen. Nicht zuletzt werden jedoch seit mehreren Jahren in vielen Ländern vor allem Mittel- und Osteuropas die Zivilrechtsordnungen insgesamt auf den Prüfstand gestellt und einer tief greifenden Modernisierung unterzogen; hierbei spielen die Grundpfandrechte eine wichtige Rolle, und die damit befassten Fachleute sind an einem länderübergreifenden Meinungs- und Erfahrungsaustausch höchst interessiert. Aber auch in Westeuropa wurde das Recht der Grundpfandrechte in mehreren Staaten geändert und ergänzt, so z.B. durch die Einführung der „hypothèque pour toutes sommes" in Belgien (1996),

---

[1] *Kiesgen*, Ein Binnenmarkt für den Hypothekarkredit – Der Vorschlag zur Einführung einer Eurohypothek unter besonderer Berücksichtigung des Sicherungsvertrages, 2004 – mit einer Darstellung des deutschen französischen und italienischen Hypothekenrechts; *Kircher*, Grundpfandrechte in Europa – Überlegungen zur Harmonisierung der Grundpfandrechte unter besonderer Berücksichtigung des deutschen, französischen und englischen Rechtssystems, 2004; *Stöcker*, Die Eurohypothek – Zur Bedeutung eines einheitlichen nicht-akzessorischen Grundpfandrechts für den Aufbau eines „Europäischen Binnenmarktes für den Hypothekarkredit" mit einer Darstellung der Verwendung der Grundschuld durch die deutsche Hypothekarkreditpraxis sowie des französischen, spanischen und schweizerischen Hypothekenrechts, 1992.

[2] Einen besonderen Platz nimmt die Studie Efficiency of mortgage collateral in the European Union, 2002/2007, ein.

[3] *Hypothekenverband bei der EG*, Der Hypothekarkredit in der Europäischen Gemeinschaft, 1990.

[4] *Hypothekenverband bei der EG*, Vergleichende Studie der Grundstückspfändungsverfahren, 1979.

[5] Z.B. *Jaschinska*, Polnische und deutsche Grundpfandrechte, 2004; *Hofmann*, Mortgage and Change. Gestaltungsmöglichkeiten im englische Kreditsicherungsrecht, 2002; *Rink*, Die Sicherheit von Grundpfandrechten in Deutschland und England, 2006; *Schulz-Trieglaff*, Grundschuld und Floating Charge, 1997; *Steven*, Immobiliarsicherheiten im englischen und deutschen Recht, 2002; *Jungmann*, Grundpfandgläubiger und Unternehmensinsolvenz (Deutschland – England – Schottland), 2004; *Städtler*, Grundpfandrechte in der Insolvenz; *Stürner/Kern*, Grundsatzfragen des US-Hypothekenrechts, Festschrift Schlechtriem, 2003.

[6] Z.B. *Frank/Wachter*, Handbuch Immobilienrecht in Europa, 2004; *v. Bar* (Herausgeber), Sachenrecht in Europa, Bd. 1, 2000; Bd. 4, 2002; *Baur/Stürner*, Sachenrecht, 18. Aufl. 2009, § 64 sub B, Rn. 7 ff. (Frankreich, Italien, Spanien, England, USA, Schweiz, Österreich, etc.); *Sparkes*, European Land Law, 2007.

der „hypothèque rechargeable" in Frankreich (2006) und durch die Erweiterung des Anwendungsbereichs der „hipoteca de máximo" in Spanien (2007) – alle drei Änderungen in Richtung einer verstärkten Flexibilisierung gerade in Ländern, deren Grundpfandrechte bis dahin mit zu den am wenigsten flexibelsten zählten.[7]

Der vdp hat es daher frühzeitig unternommen, den wissenschaftlichen Austausch und den praxisorientierten Know-how-Transfer zu initiieren und zu unterstützen. Angeregt durch zahlreiche Anfragen hat er seit dem Jahre 1993 an der Modernisierung des Hypotheken- und Grundbuchrechts in vielen Ländern mitgewirkt. Mit dem von ihm initiierten Vorschlag für ein nicht-akzessorisches Grundpfandrecht für Mitteleuropa[8] ist der Grundstein nicht nur für eine Reihe von Gesetzgebungsarbeiten zu Grundpfandrechten in Mitteleuropa[9], sondern auch für die Konkretisierung der Bemühungen um eine Eurohypothek gelegt[10], deren wichtigster Baustein die Leitlinien für eine Eurohypothek darstellen.[11]

2. Runder Tisch Flexibilität der Grundpfandrechte

Um die weiteren Untersuchungen auf eine breitere Basis zu stellen, hat der vdp einen „Runden Tisch: Flexibilität der Grundpfandrechte in Europa" initiiert und organisiert. In drei jeweils zweitägigen Diskussionsrunden haben ausgewiesene Experten aus Bosnien-Herzegowina, Deutschland, Estland, Kroatien, Österreich, Polen, Slowenien und Ungarn – auf der Grundlage der in den „Basic Guidelines for a Eurohypothec" gewählten Fragestellungen – die dogmatischen Grundlagen sowie die praktische Verwendbarkeit ihrer nationalen Grundpfandrechte diskutiert und hierzu ausführliche Länderberichte verfasst. Die Ergebnisse dieses Runden Tisches sind veröffentlicht.[12] Die detaillierten Länderberichte zu den acht beteiligten Ländern waren in drei Workshops von Juni 2005 bis Mai 2006 erarbeitet worden, in denen die rechtliche Ausgestaltung der Grundpfandrechte, die Erfahrungen bei der Einführung neuer Grundpfandrechtsarten sowie die praktische Anwendung der jeweils flexibelsten Grundpfandrechte Gegenstand vertieften Meinungsaustausches waren. Im Anhang wurden die wichtigsten Ergebnisse der Work-

---

7 Zur grundsätzlichen Tendenz in Richtung auf eine Nicht-Akzessorietät vgl. bereits *Stürner*, Das Grundpfandrecht zwischen Akzessorietät und Abstraktheit und die europäische Zukunft, Festschrift für Rolf Serick, 1992, S. 377 ff.
8 *Wolfsteiner/Stöcker*, Nicht-akzessorisches Grundpfand für Mitteleuropa, ZBB 1998, 264–270, und DNotZ 1999, 451–467 (in englischer Übersetzung – A non-accessory Security Right over Real Property for Central Europe – erschienen in Notarius International 2003, 116–124). Der Text ist auch abgedruckt bei *Staudinger/Wolfsteiner* (2002), Vorbemerkung 241 ff. zu § 1191 ff.
9 Dies gilt insbesondere für die Weiterentwicklung des Selbständigen Pfandrechts (önálló zálogjog) in Ungarn sowie die Erarbeitung eines neue Maßstäbe setzenden Gesetzentwurfes für eine Immobilienschuld (dług gruntowy) in Polen; beide Grundpfandrechtsarten sind der deutschen Sicherungsgrundschuld nachempfunden.
10 Zur Entwicklung der diversen Vorschläge vgl. *Stöcker*, Die grundpfandrechtliche Sicherung grenzüberschreitender Immobilienfinanzierungen, Die Eurohypothek – ein Sicherungsinstrument mit Realisierungschancen, WM 2006, S. 1941 ff. (S. 1945 f.); dieser Beitrag wurde in englischer Übersetzung veröffentlicht: *Stöcker*, Real estate liens as security for cross-border property finance, The Eurohypothec – a security instrument with real prospects, Revista Crítica de Derecho Inmobiliario, Madrid 2007, S. 2255 ff.; *Baur/Stürner*, Sachenrecht, 18. Aufl. 2009, § 64 Rn. 76 ff.
11 Vgl. näher D.II.3.
12 *Stöcker* (Red.), Flexibilität der Grundpfandrechte in Europa, Band I, Berlin 2006 (Schriftenreihe des vdp, Band 23).

shops in Form von Schaubildern erfasst; dabei sind vier weitere Länder berücksichtigt worden.

Diese Diskussionsrunden wurden unter Einbeziehung weiterer Länder fortgesetzt. Im September 2007 fand Workshop IV statt. Die Anzahl der dort vertretenen Rechtsordnungen konnte von 12 auf 15 erhöht werden. Neue Länderberichte wurden zu Norwegen, Rumänien, Russland, Serbien und der Ukraine erarbeitet, die in einem Band II veröffentlicht wurden, die Beiträge zu Norwegen und Serbien in englischer Sprache.[13] Wiederum wurden – anhand des auch für Band I verwendeten Fragenkatalogs – sowohl grundsätzliche Themen erfasst, wie z.B. die Ausgestaltung und Reichweite der Akzessorietät oder Nicht-Akzessorietät und der Schutz des Eigentümers, als auch die praxisrelevanten Fragen, z.B. inwieweit moderne Kreditformen durch die jeweiligen Grundpfandrechte gesichert und wie Grundpfandrechte den ständigen Änderungen der wirtschaftlichen Verhältnisse angepasst werden können.

Die bisherigen Ergebnisse haben gezeigt, dass in vielen Ländern mit akzessorischer Gestaltung der Grundpfandrechte vor allem Höchstbetragshypotheken verwendet werden, die zum Teil eine sehr hohe Flexibilität aufweisen, allerdings nur solange, wie Eigentümer und Gläubiger nicht wechseln. Die wissenschaftlich vertiefte rechtsvergleichende Aufarbeitung der Grundpfandrechte in Europa ist noch lange nicht abgeschlossen. Es besteht ein großer Bedarf an rechtsvergleichenden Untersuchungen zur konstruktiven Verbindung von Kreditvertrag und Grundpfandrechtsbestellung, zu Fragen der Beweislastverteilung, sowie des gutgläubigen Erwerbs und zur Verwendung von abstrakten Schuldversprechen.

Ein Schwerpunkt des Workshops IV lag auf der Weiterentwicklung detaillierter Schaubilder. Neu hinzu kamen gesonderte Kapitel zum Vollstreckungsrecht und zum Insolvenzrecht. Von einem Abdruck dieser Schaubilder im Band II wurde abgesehen, da sie bereits sehr umfangreich geworden waren und zudem Gegenstand einer gesonderten Analyse werden sollten, deren Veröffentlichung nunmehr als Band III hier vorliegt.

Für die Weiterentwicklung und Durchsicht der Schaubilder, die den zentralen Gegenstand dieses Bandes III darstellen, konnten im Workshop V am 4./5. September 2008 in Berlin Experten weiterer Länder zur Mitwirkung gewonnen werden, so dass die Anzahl der in den Schaubildern dargestellten Rechtsordnungen auf 22 angewachsen ist.

---

13   *Stöcker* (Red.), Flexibilität der Grundpfandrechte in Europa, Band II, Berlin 2007 (Schriftenreihe des vdp, Band 32).

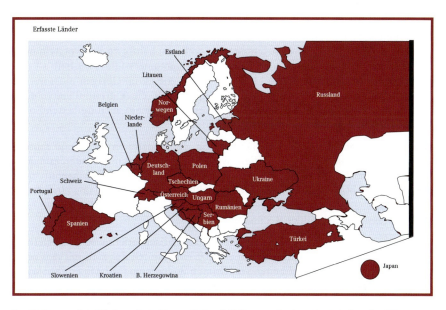

Im Rahmen der Diskussion dieser Schaubilder wurde immer wieder der Quervergleich zu den Vorschlägen der „Basic Guidelines for a Eurohypothec" gezogen. Daher nimmt auch das vorliegende Werk auf dieses Zukunftsmodell Bezug, soweit dies sinnvoll und informativ erscheint.

3. Bewertungssystem zu Grundpfandrechten

Die Weite der in den Schaubildern erfassten Themen erhöht nicht nur den Wert der Schaubilder für einen wissenschaftlichen Austausch im Rahmen der anstehenden Modernisierung des Rechts der Grundpfandrechte auf nationaler und europaweiter Ebene. Sie bietet den Kreditinstituten, die grenzüberschreitend tätig sind, auch die Möglichkeit, wichtige Informationen in leicht erfassbarer Darstellung für eine Vielzahl von Rechtsordnungen zu erhalten, die sie im Rahmen eines internen Ratings nach Basel II zur Beurteilung der von ihnen verwendeten Kreditsicherheiten berücksichtigen können.[14] Darauf wird unter D.I. näher eingegangen. Damit haben die Arbeiten des Runden Tisches eine neue Dimension erhalten, der sich weitere Workshops intensiv widmen sollen.

4. Gang der Darstellung

Die Erläuterung der Schaubilder über das Recht der Grundpfandrechte gliedert sich in sieben Themenbereiche.

Nach einigen grundsätzlichen Ausführungen zu den Arten der Grundpfandrechte (I.) werden zentrale Fragen der Registersysteme behandelt, wie sie die Publizitätserfordernisse für Grundpfandrechte mit sich bringen (II.).

---

[14] Zur Thematik eines internen Ratingverfahrens für Zwecke der Eigenkapitalunterlegung von Kreditrisiken vgl. die Website von www.hyprating.de; zum hierfür erforderlichen Rechtsmonitoring *vdp*, Jahresbericht 2007, S. 32.

Eine möglichst differenzierende Erörterung der Akzessorietätswirkungen (III.) soll der regelmäßig anzutreffenden Schwarz-Weiß-Einteilung in akzessorische und nichtakzessorische Grundpfandrechte entgegenwirken, die häufig zu Fehlvorstellungen insbesondere im Hinblick auf den Schutz des Eigentümers führt. Deshalb ist dieser Frage ein gesondertes Kapitel (IV.) gewidmet; sie ist im Übrigen nicht nur für Verbraucher, sondern generell für jeden Eigentümer einer grundpfandrechtlich belasteten Immobilie von höchster Wichtigkeit und deshalb auch umfassend ohne Verengung auf den Verbraucheraspekt behandelt.

Grundpfandrechte dienen der Sicherung von Zahlungsforderungen und müssen ihren Wert dann unter Beweis stellen, wenn der Schuldner nicht mehr zahlungsfähig ist. Daher ist für die Kreditpraxis der „rechtliche Sicherungsgehalt" eines Grundpfandrechts im Rahmen eines Vollstreckungsverfahrens (V.) und eines Insolvenzverfahrens (VI.) von überragender Bedeutung. Dem trägt die Vielzahl der damit befassten Schaubilder Rechnung.

Die praktisch bedeutsame, aber doch rechtsdogmatisch orientierte Fragestellung der bisher genannten Themengruppen ergänzt ein Kapitel, das sich mit den praktischen Anwendungsmöglichkeiten von Grundpfandrechten (VII.) in einigen wichtigen Fallgruppen befasst.

Den Abschluss des Werkes bildet ein Ausblick auf ein denkbares Bewertungssystem des rechtlichen Rahmens von Grundpfandrechten in Kontinentaleuropa (D.). Er soll eine erste Orientierung dafür bieten, wie man generell, institutsspezifisch oder nach Geschäftsarten differenzierend die „rechtliche Werthaltigkeit" von Grundpfandrechten rechtsvergleichend „messen" könnte.

B. Verzeichnis der beteiligten Experten

Die Qualität der Informationen, die in den Schaubildern geboten werden, wäre ohne die exzellenten Fachkenntnisse und das große Engagement der einzelnen Länderexperten nicht möglich. Besondere Anerkennung gebührt ihnen auch dafür, dass sie die Diskussionen in den Workshops sowie ihre Beiträge zur Entwicklung der Schaubilder in deutscher Sprache gemeistert haben, die aufgrund der gemeinsamen historischen Wurzeln in der Tradition des Römischen und des Gemeinen Rechts für das Recht der Grundpfandrechte Kontinentaleuropas präzisere Aussagen erlaubt als die englische Sprache.

Im Folgenden werden die Experten kurz vorgestellt, die zur Erarbeitung der Schaubilder beigetragen haben. Die meisten von ihnen haben auch am Workshop V mitgewirkt, in dem ein Entwurf dieses Gesamtwerkes diskutiert wurde, um den Inhalt der Schaubilder nochmals aktualisieren und besonders wichtige differenzierende Aussagen in die Erläuterungen aufnehmen zu können:

Sibylle Barent, Rechtsanwältin, licenciée en droit, arbeitet seit 2007 für den Verband deutscher Pfandbriefbanken im Bereich „Pfandbriefgesetz und internationales Geschäft". Sie absolvierte eine Bankausbildung bei der Deutsche Bank AG und studierte Rechtswissenschaft in Berlin und Paris. Nach dem Referendariat am Oberlandesgericht Bamberg war sie drei Jahre in einem Berliner Anwaltsnotariat als Rechtsanwältin tätig.

Dr. Jens Bormann, LL.M. (Harvard) ist Hauptgeschäftsführer der Bundesnotarkammer in Berlin. Nach Studium in Konstanz, Genf und Harvard und Referendariat in Freiburg war er mehrere Jahre wissenschaftlicher Assistent an der Universität Freiburg und ist seit 2002 Rheinischer Notarassessor. Seit 2005 als Referent für Handels- und Gesellschaftsrecht zur Bundesnotarkammer abgeordnet, leitet er deren Geschäftsstelle seit 2006. Dr. Bormann ist Lehrbeauftragter der Rechtswissenschaftlichen Fakultäten in Freiburg, Göttingen und Hannover.

Dr. András Gábor Botos, Geschäftsführer, Verband ungarischer Hypothekenbanken (Magyar Jelzálogbank Egyesület), Budapest, graduierte an der Juristischen Fakultät der Pázmány Péter Katholische Universität im Jahre 2001 und hatte eine handelsrechtliche Fortbildung am Juristischen Fortbildungsinstitut der Fakultät für Staats- und Rechtswissenschaften der Eötvös-Loránd-Universität der Wissenschaften in Budapest. Er ist seit 2004 Geschäftsführer des Verbandes ungarischer Hypothekenbanken.

Dr. Agnieszka Drewicz-Tułodziecka ist seit 1995 Geschäftsführerin der Stiftung für Hypothekarkredit (Fundacja na Rzecz Kredytu Hipotecznego) in Warschau. Zusammen mit den größten Hypothekarinstituten betreut sie Rechtsreformen zur Verbesserung der Flexibilität und Effizienz der hypothekarischen Finanzierung in Polen. Sie ist Expertin des polnischen Parlamentes, Beraterin der Regierungsfachgremien und Mitglied des Exekutivbüros sowie mehrerer Arbeitsgruppen des Europäischen Hypothekenverbandes in Brüssel. Sie ist Autorin von zahlreichen Publikationen zum polnischen System der Immobilienfinanzierung und hat mehr als

80 Fachseminare und Konferenzen zum Thema Hypothekenfinanzierung in Polen durchgeführt. Sie ist Lehrbeauftragte der Universität in Warschau.

Dr. Petr Dušek ist Bankjurist der GE Money Bank in Prag, Tschechien. Nach seinem Studium an der Jura Fakultät der Karlsuniversität in Prag und am Institut der Außenverhältnisse in Moskau war er 5 Jahre im Außenministerium der Tschechischen Republik und danach 9 Jahre Rechtsleiter der HypoVereinsbank Czech Republic. Seit 2003 ist er insbesondere für die Forderungseintreibung, aber auch für Bankrecht in der GE Money Bank zuständig. 2008 wurde er Rechtsleiter der Hypothekenkommission des Tschechischen Bankenverbandes.

Ieva Lukrecija Erstikyté ist Rechtsanwältin bei „Raidla, Lejins & Norcous" in Vilnius, Litauen. Ihre Tätigkeitsschwerpunkte liegen im Immobilien- und Baurecht, mit Schwerpunkt auf Projektentwicklung und Finanzierung. Sie hat ein zweijähriges Fortbildungsprogramm zum deutschen und Europarecht im Zentrum für Deutsches Recht (Litauen) absolviert. Ihre Kenntnisse auf dem Gebiet der Immobilienfinanzierungen hat sie während ihrer Hospitation im Jahre 2007 bei der internationalen Anwaltsgesellschaft Allen&Overy in Frankfurt am Main vertieft.

Dr. jur. Klaus-Peter Follak ist Direktor/Funding Transactions bei der Hypo Real Estate Group, München. In früheren Funktionen war er u.a. Leiter der Rechtsabteilung bei der Hypo Real Estate Bank International AG und Mit-Projektleiter für die Umsetzung von Basel II in der Hypo Real Estate Group. Er hat langjährige Erfahrungen im internationalen Immobilienfinanzierungsgeschäft, insbesondere in den Geschäftsfeldern einer Pfandbriefbank sowie im internationalen Bankaufsichtsrecht. Er ist/war Mitglied in verschiedenen Ausschüssen des Bankwesens sowie im Committee on International Monetary Law der International Law Association und hat auch verschiedene zentral- und osteuropäische Staaten beim Aufbau des Bank- und Immobilienfinanzierungswesens beraten.

Aleksandra Gregorowicz arbeitet seit 2000 als Juristin in der Stiftung für Hypothekarkredit (Fundacja na Rzecz Kredytu Hipotecznego) in Warschau. Sie ist zuständig für Rechtsfragen des Hypothekarkredits und die Harmonisierung der Eintragungspraxis der Grundbuchgerichte. Sie wirkt am Gesetzgebungsprozess im Bereich Hypothekenfinanzierung mit.

Kurt Haefeli, lic. iur, Rechtsanwalt, ist Rechtskonsulent bei UBS AG und verfügt über langjährige Erfahrung als Bankjurist mit Schwergewicht in den Bereichen Kredite, Sicherheiten und Vollstreckung.

Prof. Dr. sc. Tatjana Josipović, Universität Zagreb, Juristische Fakultät, ist ordentliche Professorin am Lehrstuhl für Zivilrecht an der Juristischen Fakultät der Universität Zagreb. Sie befasst sich insbesondere mit dem Sachen- und Grundbuchrecht. Sie war Mitglied der Kommission des Justizministeriums zur Ausarbeitung zahlreicher Gesetze im Zivilbereich wie das Gesetz über das Eigentum und andere dingliche Rechte, das Grundbuchgesetz, die Grundbuchgeschäftsordnung, das neue Erbgesetz usw. Sie ist Mitglied der Kommission des Justizministeriums, die die EDV-Grundbuchgeschäftsordnung ausarbeitet. Sie ist Verfasserin einiger Bücher, mehrerer wissenschaftlicher Arbeiten auf dem Gebiet des Zivilrechts sowie Koautorin einiger Monographien.

Y. S. Kaan Kalkan ist Rechtsanwalt in der Rechtsanwaltskanzlei Diem & Partner in Stuttgart, die auch über eine Niederlassung in Istanbul verfügt. Seine Tätigkeitsschwerpunkte liegen im Bau- und Immobilienrecht. Hierzu zählen neben der Beratung und gerichtlichen wie außergerichtlichen Vertretung von mittleren und großen Unternehmen aus der Bau- und Immobilienwirtschaft in Deutschland auch das türkische Immobilien- sowie das Vergaberecht.

Konstantin Kaysers, M.E.S., ist als Rechtsanwalt bei Dr. Reichmann Rechtsanwälte in Frankfurt am Main tätig. Er berät im Bereich des deutsch-spanischen Wirtschaftsrechts, im Handels- und Gesellschaftsrecht sowie im deutsch-portugiesischen Immobilien- und Hypothekenrecht. Daneben begleitet er Mandanten bei der Umsetzung von Finanzierungsvorhaben in Spanien, Portugal und Deutschland.

mr. Hans Kemper, LL.M., ist Notar und Partner bei Schaap & Partners, Rechtsanwälte und Notare in Rotterdam. Die Schwerpunkte seiner Praxis liegen im Immobilienrecht und Gesellschaftsrecht. Innerhalb des Immobilienrechts hat er sich auf die Beratung, Betreuung und das Zustandekommen von Immobiliengeschäften spezialisiert, sowie auf die Erstellung von Immobilienfonds und die Projektentwicklung. Auf dem Gebiet der in- und ausländischen Finanzierungen und Sicherheiten, einschließlich Hypotheken, berät er regelmäßig Finanz- und andere Institutionen.

Konstantin Kucherenko hat im Jahre 2005 sein Studium des Internationalen Privatrechts an der Taras-Schewtschenko-Universität in Kiew abgeschlossen. Seit Februar 2006 ist er als Jurist bei der Ukrainischen Nationalen Hypothekenassoziation (UNIA) in Kiew tätig und dort insbesondere für die Entwicklung von Gesetzgebungsinitiativen zuständig. Herr Kucherenko arbeitet außerdem als Hausjurist für eine ukrainische Investmentbank. Er befasst sich vorrangig mit dem Wertpapier, Bank-, Immobilien-, und Covered Bond-Recht.

Dr. Tim Lassen, Rechtsanwalt, Frankfurt am Main/Berlin/Moskau, war von März 1998 bis September 2005 Mitarbeiter des Verbandes deutscher Pfandbriefbanken (vdp, ehem. VdH), Berlin als juristischer Referent im Bereich „Hypothekenbankgesetz, Internationales Geschäft, System-Marketing". Er war u.a. verantwortlich für die Aktivitäten des Verbandes in Mittel- und Osteuropa bei der Einführung von Hypothekenbank- und Pfandbriefsystemen sowie zur Verbesserung des Rechtsrahmens für Immobilienfinanzierungen. Im Oktober 2005 wechselte er zur Eurohypo AG, Eschborn in die Abteilung „Corporate and Investment Banking". Seit September 2007 ist er in der Repräsentanz der Eurohypo AG in Moskau tätig und dort zuständig für Immobilienfinanzierungen in Russland und z.T. in der Ukraine. Er publizierte mehrere Fachbeiträge zum Hypothekenbanken- und Pfandbriefrecht sowie zur Immobilienfinanzierung in Europa. Im Jahre 2008 wurde er mit der Arbeit „Die Hypothek nach russischem Recht als Kreditsicherungsmittel" an der Christian-Albrechts-Universität zu Kiel promoviert.

Andreas Luckow, Jurist, ist seit 2007 Bereichsleiter Immobilienfinanzierung Ausland beim Verband deutscher Pfandbriefbanken. Bereits seit 2002 war er für den vdp im Bereich „Pfandbriefgesetz und internationales Geschäft" tätig und länderübergreifend mit Fragen der Immobilienfinanzierung und der Absicherung durch

Grundpfandrechte befasst. Zuvor arbeitete er seit 1988 für die Berliner Pfandbriefbank, später Berlin-Hannoversche Hypothekenbank, eine Immobilienfinanzierungsbank in Berlin, in verschiedenen Positionen. Von 1998 bis 2002 war er Abteilungsleiter Ausland und zuständig für grenzüberschreitende Immobilienfinanzierungen, von 1995 bis 1998 Leiter des Zentralbereichs mit der Zuständigkeit für Rechtsfragen.

Reiner Lux hat seinen Abschluss zum Diplom-Kaufmann an der Universität zu Köln mit den Studienschwerpunkten Bankbetriebslehre, Finanzierung und Steuerrecht erlangt. Sein Berufseinstieg erfolgte im Controlling der Bayerischen Landesbank Girozentrale München. Nach verschiedenen Stationen in der Industrie übernahm er 1996 die Geschäftsführung der HypZert GmbH. Seit dem Jahr 2002 ist er zudem Geschäftsführer der Hyp Real Estate Rating Services GmbH (kurz: HypRating), einer 100%-igen Tochter des Verbandes deutscher Pfandbriefbanken e.V. (vdp). Schwerpunkt der HypRating ist die Weiterentwicklung des sog. LGD-Gradings für die Asset-Klasse Immobilien (Methodik und Datenpool) sowie das Kommunal- und Staatenrating.

Prof. Hans Fredrik Marthinussen ist Juniorprofessor an der Juristischen Fakultät der Universität Bergen, wo er im Sachenrecht und im Insolvenzrecht unterrichtet. Er hält auch Vorlesungen über das Pfandrecht als Gastdozent an der Universität Tromsø. Insbesondere beschäftigt er sich mit dem Verhältnis zwischen Sicherungsrechten und der gesicherten Forderung sowie der Kreditrechtsentwicklung. Er hat seine Doktorarbeit über das Verhältnis (Akzessorietät) zwischen Pfandrecht und gesicherter Forderung verfasst. Zudem hat er mehrere Arbeiten zum Sachenrecht veröffentlicht.

Tomomi Nakayama ist seit 2007 ordentlicher Prof. an der Law School der Universität Meiji in Tokio. Nach dem Studium in Kyoto war er von 1986 bis 1987 unter Anleitung von Prof. Medicus als DAAD-Stipendiat bei der LMU in München. Ab 1987 war er als Dozent, associate Prof. und o. Prof. für Zivilrecht an der staatlichen Universität Yamaguchi tätig. Von 1999 bis 2007 lehrte er als o. Prof. an der Universität Toin in Kanagawa.

Prof. Dr. Sergio Nasarre Aznar ist an der Universität Rovira i Virgili (Tarragona, Spanien) als Wissenschaftler im Bereich Zivilrecht tätig. Er hat zwei Bücher über den Hypothekenmarkt in Europa („La garantía de los valores hipotecarios" [2003] und „Securitisation & mortgage bonds: legal aspects and harmonisation in Europe" [2004]) und etwa 40 Forschungsbeiträge in verschiedenen europäischen Ländern veröffentlicht.

Dr. iur. Radka Opltová, Ph.D. ist Rechtskonsulentin der Tschechischen Bankenvereinigung (Česká bankovní asociace) in Prag und Mitglied des Rechtsausschusses der Europäischen Bankenvereinigung (Legal Committee of European Banking Federation). Nach beendetem Studium an der Karls-Universität in Prag arbeitete sie ab 1992 bei der Česká obchodní banka in der Strategie- und Marketingabteilung. Von 1994 bis 2008 war sie als Juristin in der Hypoteční banka und der GE Money Bank tätig; dort hat sie sich mit Rechtsfragen des Hypothekarkreditgeschäfts befasst.

Dr. Meliha Povlakić ist Dozentin an dem Lehrstuhl für das Privatrecht der Juristischen Fakultät der Universität in Sarajevo. Der Schwerpunkt ihrer Forschung ist das Sachen-, Grundbuch-, aber vor allem Kreditsicherungsrecht. Ihre Doktorarbeit sowie andere weitere Arbeiten hatten sich mit dem Kreditsicherungsrecht befasst, insbesondere rechtsvergleichend mit den Reformen des Kreditsicherungsrechtes in südosteuropäischen Ländern. Als Mitglied der Expertengruppe, die das neue Gesetz über Sachenrechte für Bosnien und Herzegowina entwarf, setzt sie sich für die Einführung der Grundschuld in das bosnisch-herzegowinische Recht ein.

Dr. Armin Reichmann ist Gründer der Kanzlei Dr. Reichmann Rechtsanwälte mit Büros in Frankfurt am Main und Palma de Mallorca, die er seit nunmehr 20 Jahren leitet. Er berät im Bereich des Deutsch-Spanischen Wirtschaftsrechts und im Internationalen Immobilien- und Hypothekenrecht. Dr. Reichmann, der auch vereidigter Dolmetscher der spanischen Sprache ist, begleitet Mandanten bei Finanzierungsprojekten u.a. in Spanien, Mexiko, Brasilien und Deutschland.

Adrian-Ștefan Sacalschi, LL.M., Universität Konstanz, ist rumänischer Jurist und hat in Rumänien Rechts- und Wirtschaftswissenschaften studiert. Im Anschluss daran hat er an der Universität Konstanz ein LL.M.-Studium mit einer Magisterarbeit über den Vergleich des deutschen Pfandbriefgesetzes mit dem rumänischen Covered Bond-Gesetz absolviert. Zurzeit promoviert er an der Universität Konstanz im Bereich Immobilien- und Pfandbriefrecht. Er hat eine Beratungsgesellschaft in Bukarest mitgegründet, die sich auf Themen des Covered Bond und der Securitisation spezialisiert.

Ninel Jasmine Sadjadi betreut – nach dem Studium der Rechtswissenschaften in Wien und einem Aufbaustudium zum Wirtschaftsrecht in London – seit dem Jahr 2000 als Project Manager beim Center of Legal Competence (CLC) vorwiegend Beratungs- und Forschungsprojekte aus dem Bereich des Landmanagements. Sie war von 2004 bis 2005 als Langzeitexpertin in einem Kataster- und Grundbuchprojekt in Rumänien eingesetzt und hat ein Projekt zur Erarbeitung eines Corporate Strategic Plans und Business Plans für die bulgarische Grundbuchagentur sowie ein ministerienübergreifendes Projekt zu Restitution, Privatisierung und Bau- und Planungsrecht in Serbien geleitet. Daneben zeichnet Frau Sadjadi für die Koordination sämtlicher Publikationen des CLC zum Thema Grundbuch und Hypothekenrecht verantwortlich.

Dr. Otmar Stöcker ist seit 2001 Geschäftsführer im Verband deutscher Pfandbriefbanken, für den er seit 1989 tätig ist und dessen Bereich „Pfandbriefgesetz, Internationales Geschäft" er 1997–2007 leitete. In mehreren Monographien (u.a. „Die Eurohypothek") und zahlreichen Fachaufsätzen hat er sich intensiv mit dem Hypothekenrecht und dem Recht der Covered Bonds in Europa auseinandergesetzt. Seit 1993 ist er beratend in Mittel- und Osteuropa bei der Modernisierung der Rechtsstrukturen für Immobilienfinanzierungen tätig. Er ist Lehrbeauftragter der Universität in Warschau.

Prof. Dr. Rolf Stürner ist Direktor des Instituts für Deutsches und Ausländisches Zivilprozessrecht an der Universität Freiburg, Visiting Professor Harvard Law School 2001, 2003, 2005, Mitautor des Lehrbuchs Baur/Stürner, Sachenrecht, 18. Aufl. 2009 und Autor zahlreicher Beiträge und Gutachten zum Pfandbriefrecht,

Sachenrecht, Internationalen Vollstreckungs- und Insolvenzrecht. Er war lange Jahre Vorsitzender der Vereinigung der deutschen, schweizerischen und österreichischen Zivilprozessrechtslehrer und Mitglied der Ständigen Deputation des Deutschen Juristentages. Er ist ordentliches Mitglied des American Law Institute, Philadelphia, und korrespondierendes Mitglied von Unidroit, Rom.

Mario Thurner ist – nach mehrjähriger Tätigkeit am Forschungsinstitut für Mittel u. und Osteuropäisches Wirtschaftsrecht (FOWI) in Wien – seit 1999 der Geschäftsführer des Center of Legal Competence (CLC), eines mit Beschluss des Ministerrates im Jahre 1998 als Maßnahme der Republik Österreich zur Förderung der rechtlichen Ostkompetenz ins Leben gerufenen Vereins, der vorwiegend EU-finanzierte Projekte in den Bereichen Boden- und Kreditsicherungsrecht, Zivilverfahrens-, Vollstreckungs- und Insolvenzrecht sowie Justizmanagement in den Transformationsstaaten Mittel- und Osteuropas durchführt. Er hat zahlreiche Publikationen und Vorträge im In- und Ausland, überwiegend zum Insolvenzrecht in den mittel- und osteuropäischen Reformstaaten, verfasst und ist Mitglied des Herausgeberbeirates der Zeitschrift für das gesamte Insolvenzrecht (ZInsO).

Prof. Dr. Rein Tiivel war seit 2000 Inhaber des Lehrstuhls für Rechtspflege und ist seit Juli 2006 a.o. Professor an dem Lehrstuhl für Privatrecht der Verwaltungsfachhochschule (Sisekaitseakadeemia) in Tallinn. Er war einer der Verfasser des Entwurfs des estnischen Sachenrechtsgesetzes (1992–1993), leitete im Justizministerium die Abteilung für das Notariat, Grundbuch und Handelsregister (1993–2000) und hat die Lehrbücher „Asjaõigus" (Sachenrecht, 2003, 2007) und „Kinnistusraamatuõigus" (Grundbuchrecht, 2005) sowie diverse wissenschaftliche Artikel in der Zeitschrift der rechtswissenschaftlichen Fakultät der Tartuer Universität „Juridica" über das Sachen- und Grundbuchrecht veröffentlicht (seit 2004).

Mr. Jozef T'Jampens, ist seit 1982 Legal Counsel Mortgage Credit in der Union professionnelle du Crédit in Brüssel, Mitglied der belgischen Arbeitsgruppe „Credit institutions-Notaries-Administration of the Patrimonial Documentation-Mortgage Registrars", Mitglied des Legal Affairs Committee des Europäischen Hypothekenverbandes und der Mortgage Credit Working Group des Europäischen Bankenverbandes.

Prof. Dr. Matjaž Tratnik ist Professor an der Juristischen Fakultät Universität Maribor. Er ist Mitverfasser des neuen Slowenischen Sachenrechtgesetzbuches und Autor von mehreren Publikationen auf dem Gebiet des Sachenrechts, insbesondere des Grundpfandrechts und des Grundbuchrechts.

Miloš Živković ist Assistent an der Juristischen Fakultät der Universität Belgrad und Konsultant in der Anwaltskanzlei Živković & Samardžić. Er ist Mitverfasser des Entwurfs des Serbischen Sachenrechtgesetzbuches und zuständig vor allem für Sicherungsrechte. Er hat mitgewirkt bei der Vorbereitung des Entwurfs eines neuen Immobilienkatastergesetzes für Serbien, das die Materie des Grundbuchrechts beinhaltet. Er ist Autor mehrerer Artikel über das Hypothekenrecht und das Immobilienregisterrecht und verfasst derzeit seine Doktorarbeit (in Serbien Habilitationsarbeit) über die Akzessorietät der Grundpfandrechte.

C. Erläuterung der Schaubilder

Die Problematik jeglicher Übersicht liegt darin, dass sie vereinfachen muss, um überhaupt einen Effizienzgewinn gegenüber einer Sammlung von Detailinformationen erzielen zu können. Jede Vereinfachung führt allerdings zu einer mehr oder weniger starken Standardisierung und damit leichten Verfälschung von Details, die mit einem wissenschaftlichen Anspruch an die Qualität der Arbeit an sich nur schwer vereinbar ist. Dies gilt schon für umfangreiche tabellarische Übersichten – und umso mehr für Schaubilder, bei denen der einbringbare Informationsgehalt noch stärker beschränkt ist.

Dennoch wurde nach eingehender Erörterung in den Workshops diese Gestaltungsform gewählt, um angesichts der Fülle der Differenzierungen einen schnellen Zugang und eine durch die Visualisierung verstärkte Übersichtlichkeit zu ermöglichen. Auch Wissenschaftler müssen zur Kenntnis nehmen, dass es zuweilen besser ist, eine nicht vollständig korrekte Information beim Zielpublikum anbringen zu können, als Gefahr zu laufen, dass die zentrale Botschaft überhaupt nicht zur Kenntnis genommen wird. Wichtig ist dabei, dass durch eine ausgewogene Auswahl der Themen und Fragestellungen die mögliche „Fehlerquote" im Detailbereich und für Experten transparent gemacht wird, so dass es weiteren Arbeiten überlassen werden kann, die gewünschte verfeinerte Differenzierung in Spezialwerken darzustellen.

Zur Bewältigung der äußerst komplexen Aufgabenstellung ist es einmal erforderlich, die für die Beurteilung von Grundpfandrechten zentralen Fragen zu identifizieren und so zu formulieren, dass sie für jede hier erfasste Rechtsordnung sinnvoll sind. Zum anderen müssen die Fragen so gestellt sein, dass zu jeder Rechtsordnung eine zumindest im Grundsatz richtige Antwort gegeben werden kann, auch wenn im Detail Ausnahmen und Abweichungen gegeben sein sollten. Sie ergeben sich aus den ausführlichen Darstellungen einzelner Länder in den vorausgehenden Bänden und können in den Erläuterungen nur in gewichtigen besonderen Fällen Berücksichtigung finden, um den Rahmen einer Übersicht nicht zu sprengen.

Die Auswahl der erfassten Rechtsordnungen erfolgte nicht nach wissenschaftlichen Kriterien oder nach rechtspolitischen Zielsetzungen, z.B. mit der Intention die Rechtsordnungen aller EU-Staaten zu erfassen. Vielmehr sind die Inhalte der Schaubilder das Ergebnis eines über viele Jahre gewachsenen wissenschaftlichen und praxisorientierten Austausches, den der vdp im Rahmen von Recherchen organisiert hat, und des damit verbundenen Aufbaus eines Netzwerkes von Kontakten mit Fachleuten aus vielen Ländern. Die mitwirkenden Experten müssen nicht nur ausgewiesene Kenner ihrer nationalen Grundpfandrechte sein, sondern sich mit mindestens einer und meist mehreren anderen Rechtsordnungen intensiv befasst haben, so dass sie ein tief greifendes Verständnis für rechtsvergleichende und damit länderübergreifende Fragestellungen mitbringen. Den ursprünglichen Kern der Expertengruppe bilden Mitglieder, die in ihren Ländern an der Rechtsentwicklung aktiv und führend beteiligt sind oder waren und dabei zu den Überlegungen für eine Eurohypothek – zumindest im Sinne eines Maßstabs für die Standortbestimmung ihrer eigenen nationalen Grundpfandrechte – beitragen oder beigetragen haben.

Neben den bereits erwähnten erforderlichen guten Kenntnissen der deutschen Sprache war ein herausragendes zeitliches Engagement erforderlich, das nicht jeder an sich in Betracht kommende Experte aufbringen konnte oder wollte.

Mit den beteiligten Rechtsordnungen werden die großen Rechtsfamilien Kontinentaleuropas erfasst, wenn auch nicht vollständig. Der englische Rechtskreis fehlt vorerst. Er wurde zunächst bewusst nicht aufgenommen, weil die englische „mortgage" (oder besser „land charge") rechtshistorisch bedingt sowohl rechtsdogmatisch als auch in ihrer praktischen Verwendung Besonderheiten gegenüber den heutigen kontinentaleuropäischen Grundpfandrechten aufweist, so dass für ihre Einbeziehung der Abstrahierungsgrad der Schaubilder hätte stark erhöht werden müssen mit der Folge einer weit weniger detaillierten Darstellungstiefe. Das französische Recht, das in jüngster Zeit stark im Umbruch ist, wurde zwar in die Schaubildner nicht einbezogen; soweit ausreichende Informationen vorlagen, findet es aber im Text bei wichtigen Rechtsfragen vereinzelte Berücksichtigung.

Im Gegensatz dazu konnte jedoch das japanische Hypothekenrecht berücksichtigt werden, das mit dem deutschen und französischen Recht stark verwandt ist. Denn mit Herrn Prof. Nakayama konnte ein Wissenschaftler gewonnen werden, der seit vielen Jahren mit dem vdp im fachlichen Austausch steht und die im Jahre 2007 begonnen Recherchen des vdp zum japanischen Hypotheken- und Grundbuchrecht maßgeblich unterstützt. Das Beispiel Japan zeigt auch, dass so manche stark kontinental beeinflusste außereuropäische Rechtsordnung in für Europa angelegte rechtsvergleichende Darstellungen und Beurteilungssysteme problemlos einbezogen werden kann. Dass der Titel des Werkes nur Europa erwähnt und nicht auch Japan, soll den Schwerpunkt der Arbeit herausstellen und nicht dazu verleiten, eine weltumspannende Prüfungssystematik zu erwarten.

Im Grundsatz werden die Schaubilder nach dem folgenden Schema erläutert:

- In den Erläuterungen wird zuerst die Bedeutung der das Schaubild kennzeichnenden Fragestellung im Gesamtzusammenhang dargestellt.

- Danach werden die differenzierenden Antworten losgelöst von den einzelnen Rechtsordnungen erklärt.

- Im Anschluss daran werden teilweise Besonderheiten einzelner Rechtsordnungen erwähnt, soweit diese im Einzelfall zu gravierenden Abweichungen von den in den Schaubildern enthaltenen Informationen führen können.

- Jedes Teilkapitel wird durch ein farbig gestaltetes Schaubild ergänzt, dem die Rechtslage zu den einzelnen Ländern entnommen werden kann.

I. Arten der Grundpfandrechte

1. Wie viele Arten von Grundpfandrechten gibt es?

Will man sich zum Hypothekenrecht eines Landes äußern, stellt sich zuerst die Frage, ob diese Rechtsordnung nur einen Grundpfandrechtstyp oder eine Grundpfandrechtsart kennt oder verschiedene Arten oder Ausformungen, wie es in den meisten Ländern der Fall ist. Dabei soll die Qualifizierung als eigenständige Grundpfandrechtsart, die in Literatur und Rechtsprechung besonders behandelt wird, oder als eine unterschiedliche Ausformung im Detail – sei es durch gesetzliche Bestimmungen oder durch die Kreditpraxis – nicht streng anhand standardisierter Kriterien vorgegeben werden. Vielmehr wurde diese Entscheidung dem jeweiligen nationalen Experten überlassen.

Bei vielen nachfolgenden Fragen anderer Schaubilder hängt die Antwort dann davon ab, ob die Frage sowie die Antwortvarianten so abstrakt-übergreifend gestaltet sind, dass sie für alle Grundpfandrechtsarten gelten. Wenn dies nicht der Fall ist, dann gilt die Antwort für das Grundpfandrecht, das Schaubild I.4 als die maßgebliche Grundpfandrechtsart zugrunde gelegt ist und das nach der Zielsetzung der Arbeiten des Runden Tisches dasjenige mit der größten Flexibilität ist.

Gerade die für die Kreditpraxis wichtige Höchstbetragshypothek lässt sich zumeist als spezielle Ausformung der an sich akzessorischen Hypothek begreifen. Um ihrer in vielen Ländern weit von der strengen Akzessorietät entfernten Ausgestaltung willen wird sie jedoch von den mitwirkenden Experten regelmäßig als eine eigene Grundpfandrechtsart eingeordnet.

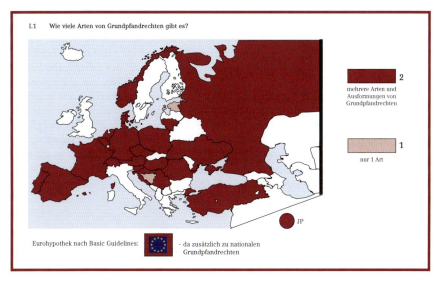

2. Werden Grundpfandrechte in einem Wertpapier verkörpert (Briefrechte) oder sind sie nur in das Register eingetragen?

Aus mehreren Gründen hat die Frage grundsätzliche Bedeutung, ob ein Grundpfandrecht nur in einem Register geführt ist oder ob es (auch) in einer Urkunde verkörpert sein kann.

Die Errichtung eines Briefgrundpfandrechts ist zwar mit etwas mehr Aufwand verbunden, jedoch können bei seiner Übertragung in der Regel Registrierungskosten vermieden und Transaktionen schneller ausgeführt werden. Die Schnelligkeit von Transaktionen kann jedoch bei EDV-Registersystemen ebenfalls sehr hoch sein, so dass in Ländern mit weithin elektronisierten Registersystemen diese Unterscheidung an Bedeutung insoweit verliert.

Gerade in Schweden lässt sich beobachten, dass die bereits weit ausgebaute Computerisierung des Grundbuches die an sich weit verbreiteten Briefrechte verdrängt; teilweise bleiben die Briefrechte in ihrer rechtlich-dogmatischen Gestalt erhalten, werden aber in der Regel nicht mehr als Papierurkunden ausgestellt, sondern nur noch in Registern geführt („virtuelle Briefrechte").[15] Damit beginnt die Unterscheidung zwischen Briefrecht und Registerrecht zu verschwimmen. In Dänemark ist die Rechtslage ähnlich, jedoch ist die Ausstellung von Briefrechten dort inzwischen sogar untersagt.[16]

Bei papierenen (in Urkunden ausgestellten) Briefrechten sind allerdings sachenrechtliche Besitzkonstitute möglich.[17] Diese ermöglichen sachenrechtlich wirkende Teilabtretungen, wodurch effiziente Syndizierungen erleichtert werden. Zudem können Briefrechte insolvenzfeste Treuhandkonstruktionen erlauben.

Die Verkörperung eines Grundpfandrechts in einem Wertpapier bedeutet aber nicht zwingend, dass die wertpapierrechtlichen Übertragungsgrundsätze gelten – ganz abgesehen von der Frage, in welcher Art von Wertpapier ein Grundpfandrecht verkörpert ist. Letztlich zeigt sich, dass die Ausgestaltung des Grundpfandrechts zwar Folgen vor allem für seine Verkehrsfähigkeit haben kann, sie aber eine nur mäßige Rolle dort spielt, wo ein technisch effizientes Grundbuchsystem existiert. Wo die Registerverfahren noch zeitraubend sind, liegen die Verhältnisse indessen anders, so dass dort Briefrechte durchaus zur effizienten Nutzung von Grundpfandrechten beitragen können, vor allem im Bereich der Syndizierung.[18] Grundsätzlich mag es beim heutigen Stand der Elektronisierung der Registersysteme vorteilhaft sein, wenn eine Rechtsordnung beide Formen zulässt, so dass die Praxis die für den jeweiligen Fall passende Variante wählen kann.

---

15 Sog. datapantbrev, geregelt im lag (1994:448) om pantbrevsregister. *Marthinussen*, Forholdet mellom panterett og pantekrav (Das Verhältnis zwischen Pfandrecht und Pfandforderung), 2009, 12.2.3.1., S. 218, Fußnote 898 m.w.N. zum schwedischen Recht.

16 *Marthinussen*, Forholdet mellom panterett og pantekrav, 2009, 11.5., S. 197, Fußnote 895 m.w.N. zum dänischen Recht.

17 Zur Teilabtretung von Briefgrundschulden ohne Teilbriefbildung im deutschen Recht vgl. *Picherer*, Sicherungsinstrumente bei Konsortialfinanzierungen von Hypothekenbanken, 2002 (Schriftenreihe des vdp, Band 14), S. 256 ff.

18 Vgl. hierzu näher VII.11.

Erläuterung der Schaubilder 21

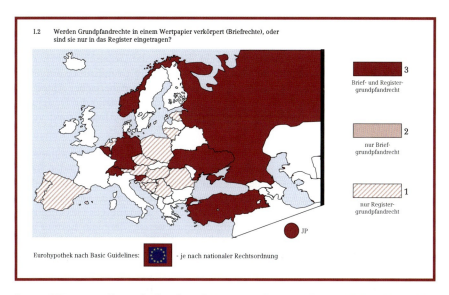

3. Können Grundpfandrechte an mehreren Immobilien bestellt werden, so dass der Gläubiger wahlweise aus jedem Grundstück befriedigt werden kann?

In der Praxis kommt es immer wieder vor, dass die Höhe eines Darlehens den Wert eines einzelnen Grundstückes weit übersteigt. Dann ist es der Darlehensvergabe sehr förderlich, wenn auch weitere Grundstücke vorhanden sind, die zur Sicherung des Darlehens dienen können. Die Einbeziehung mehrerer Grundstücke in eine Investition ist die Regel, wenn größere Objekte errichtet werden, die sich über mehrere Grundstücke gleichzeitig erstrecken.

In manchen Ländern entspricht es der gesetzlichen Lösung, dass verschiedene Grundpfandrechte für dieselbe Forderung an mehreren Grundstücken bestellt werden. Meist hat dies jedoch zur Folge, dass Kosten und Gebühren für jedes Grundpfandrecht gesondert anfallen.

Der Normalfall in Europa ist die Bestellung eines einzigen Grundpfandrechtes an mehreren Grundstücken, nämlich eines Gesamtgrundpfandrechts. Damit lässt sich hinsichtlich der Kosten und Gebühren eine starke Ermäßigung erreichen. Für den einzelnen Grundstückseigentümer hat dieses Gesamtgrundpfandrecht die positive Wirkung, dass sich seine dingliche Haftung in dem Maße ermäßigt, in dem sich der Gläubiger aus einem anderen Grundstück befriedigt.

Für den Gläubiger hat das Gesamtgrundpfandrecht den Vorteil, dass die Wertminderung eines Grundstückes die Wertsteigerung eines anderen Grundstückes ausgleichen kann. Der dingliche Haftungsverbund der vom Gesamtgrundpfandrecht erfassten Grundstücke erzielt damit einen Portfolio-Effekt, der gerade bei der Finanzierung von Immobilien-Portfolien eine bedeutende Rolle spielen kann. Dies ist auch sehr nützlich für den Immobilieninvestor, der ohne diesen ausgleichenden und risikomindernden Portfolio-Effekt möglicherweise sein Gesamtprojekt nicht verwirklichen könnte, weil eines oder mehrere der Grundstücke ohne diese ausgleichende Wirkung nicht oder nicht mit den gleichen Kreditkonditionen in das Projekt hätten einbezogen werden können.

Eine Besonderheit bietet das spanische Recht. Es lässt die Gesamthypothek zwar an sich zu, jedoch muss der Betrag der Forderung auf die Grundstücke aufgeteilt werden, so dass den einzelnen Grundstücken jeweils ein rechnerischer Anteil der Darlehenssumme zugewiesen ist, wobei die Summe dieser Anteile die Darlehenssumme nicht übersteigen darf. Damit geht der dingliche Portfolio-Effekt verloren.

Gegen das Gesamtgrundpfandrecht wird häufig eingewandt, die Eigentümer der belasteten Grundstücke seien wegen der Haftung jeden Grundstückes für den vollen Darlehensbetrag dem Gläubiger des Gesamtgrundpfandrechts voll ausgeliefert, weil für eine Absicherung weiterer Darlehen kein Raum mehr sei. Dem kann man zwar entgegenhalten, dass grundsätzlich ein weiteres zweitrangiges Gesamtgrundpfandrecht an denselben Grundstücken für einen weiteren Gläubiger bestellt werden könnte. Allerdings werden gerade bei Portfolio-Finanzierungen die Grundstückswerte in der Regel so weit ausgeschöpft, dass die Grundstücke für eine weitere Kreditierung keinen geeigneten Sicherungsrahmen mehr bieten.

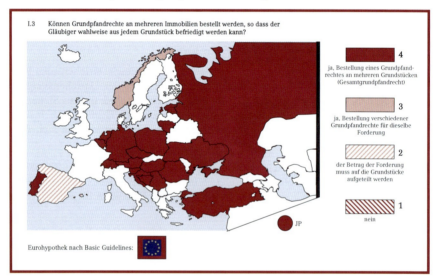

4. Tabelle der Grundpfandrechte

Die Tabelle benennt in alphabetischer Reihenfolge der erfassten Länder die in diesem Werk vorrangig zugrunde gelegte Grundpfandrechtsart sowie ihre jeweilige Bezeichnung in der Landessprache.

Entsprechend der Zielrichtung der Arbeit des „Runden Tisches" wird dabei die jeweils flexibelste Grundpfandrechtsart jeder Rechtsordnung erfasst, auch wenn diese in der Praxis nicht die am häufigsten gewählte Variante sein sollte, aber doch immerhin in noch repräsentativer Häufigkeit benutzt wird.

Beispielsweise wäre in der Türkei der dem Schweizer Schuldbrief nachgebildete Hypothekenbrief an sich die flexibelste Variante, wird in der Türkei in der Praxis allerdings nicht verwendet. Denn nach Art. 899 des türkischen Zivilgesetzbuches müsste zu seiner Ausstellung das zuständige Grundbuchamt eine Bewertung der zu belastenden Immobilie durchführen – und der Staat müsste für Fehler im Zusammenhang mit dieser Bewertung haften, Art. 905 ZGB.[19]

Die folgenden Schaubilder zeigen die Rechtslage zu den hier genannten Grundpfandrechten, die in ihren Rechtsordnungen die flexibelsten Varianten darstellen:

Belgien	Höchstbetragshypothek	*hypothèque pour toutes sommes*
Bosnien – H.	Hypothek	*hipoteka*
Deutschland	Sicherungsgrundschuld	
Estland	Hypothek	*hüpoteek*
Japan	Höchstbetragshypothek	*neteito*
Kroatien	Höchstbetragshypothek	*hipoteka do najvišeg iznosa kreditna hipoteka kauciona hipoteka*
Litauen	Höchstbetragshypothek	*maksimalioji hipoteka*
Niederlande	Bankhypothek	*Bankhypotheek*
Norwegen	Hypothekenobligation	*gjort pantobligasjon**
Österreich	Höchstbetragshypothek	
Polen	Höchstbetragshypothek	*hipoteka kaucyjna*

*Seit 1999 nicht mehr erlaubt für Eigentümer, die Verbraucher im Sinne des Finanzvertragsgesetzes sind.

Portugal	Hypothek	*hipoteca*
Rumänien	Hypothek	*ipoteca*
Russland	Hypothek	*ипотека (ipoteka)*
Schweiz	sicherungsübereigneter Inhaberschuldbrief	
Serbien	außergerichtlich durchsetzbare Höchstbetragshypothek	*vansudska izvršna hipoteka na najviši iznos*
Slowenien	Sicherungsgrundschuld	*zavarovalni zemljiški dolg*
Spanien	Höchstbetragshypothek	*hipoteca de máximo*
Tschechien	Immobilienpfandrecht	*zástavní právo k nemovitostem*
Türkei	Höchstbetragshypothek	*üst sınır ipoteği*
Ukraine	Hypothek	*іпотека (ipoteka)*
Ungarn	selbständiges Pfandrecht	*önálló zálogjog*

---

19 Zur Parallele im französischen Recht am Ende des 18. Jahrhunderts vgl. *Stöcker*, Die Eurohypothek, S. 90.

5. Ist das Grundpfandrecht kraft Gesetzes befristet?

Grundpfandrechte dienen in der Regel zur Sicherung langfristiger Kredite. Daher sehen die weitaus meisten europäischen Rechtsordnungen keinerlei zeitliche Befristung vor, sondern eine grundsätzlich unbegrenzte Geltung der Grundpfandrechte.

Eine absolute und gesetzlich bestimmte zeitliche Befristung eines Grundpfandrechts[20] birgt das Risiko, dass der Gläubiger der zu sichernden Forderung sein Sicherungsrecht verliert. Im Ergebnis wird der Rechtsverkehr an der Verwendung des Grundpfandrechtes für langfristige Finanzierungen gehindert. Dies gilt im Grunde auch, wenn eine Befristung vertraglich vereinbart werden kann, es sei denn, sie darf weit über die Laufzeit des Darlehens hinausreichen, wobei sich dann jedoch wiederum die Frage stellt, welchen Zweck solchermaßen dispositive Befristung überhaupt erfüllen soll. Zum Teil ist vorgesehen, dass der Gläubiger eine Verlängerung des Grundpfandrechtes eintragen bzw. registrieren lassen kann, so z.B. in Finnland. Derartigen Regelungen dürfte ursprünglich das Bestreben der Reformbewegungen des 19. Jahrhunderts zugrunde gelegen haben, nach der Abschaffung der feudalen Lasten neue zeitlich unbegrenzte Lasten auf Grundstücken zu verhindern. Heute erscheinen solche Begrenzungen eher hinderlich für den Rechtsverkehr.

Endet ein Grundpfandrecht durch Fristablauf und kann es verlängert werden, so stellt sich die Frage, ob die gleichen Formerfordernisse zu erfüllen sind wie bei einer Neubestellung und inwieweit ermäßigte Formpflichten mit geringeren Kosten eine Verlängerung erleichtern.

Eine Besonderheit findet sich in Litauen. Dort wandelt sich die Höchstbetragshypothek nach 5 Jahren automatisch in eine normale Hypothek um, ohne dass dies vertraglich ausgeschlossen oder nachträglich anders bestimmt werden könnte. Dies hat zur Folge, dass dann die Flexibilität verloren geht.

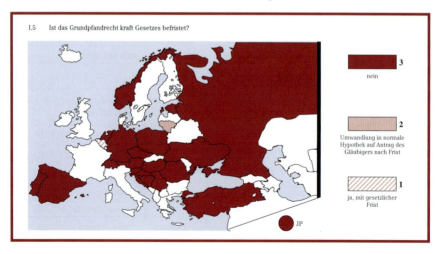

I.5 Ist das Grundpfandrecht kraft Gesetzes befristet?

---

20 Eine solche Befristung gilt z.B. in Belgien und Luxemburg im Hinblick auf die Drittwirksamkeit; dagegen wirkt die Hypothek zwischen den Parteien solange, wie die gesicherte Forderung besteht.

II. Publizitätserfordernisse und Vertrauensschutz

Die Sicherheit von Rechten an Immobilien und damit auch von Grundpfandrechten hängt nicht zuletzt von der Zuverlässigkeit und Wirksamkeit der Registersysteme ab, in welchen die Immobiliarrechte registriert sind. Die Zuverlässigkeit solcher Systeme ist wesentliche Grundvoraussetzung der Sicherheit des Immobilienverkehrs im Allgemeinen und des Schutzes der Inhaber von Grundpfandrechten im Besonderen. Eine besondere Bedeutung kommt dabei dem Schutz des Vertrauens in die Richtigkeit und Vollständigkeit der Registrierung zu.

Auch wenn in vielen europäischen Rechtsordnungen lange Zeit die Ausstellung von Urkunden über Rechte an Immobilien eine fundamentale Bedeutung hatte, so ist doch seit vielen Jahren eine europaweite Tendenz zur Stärkung der Bedeutung der Registrierung zu beobachten. Sie ist nicht zuletzt durch die Entwicklung zur Elektronisierung der Register gefördert worden.[21]

1. Wer führt die Grundbücher?

Die Registersysteme für Immobilien unterliegen recht unterschiedlicher Bezeichnung. Hier soll der Begriff des Grundbuches verwendet werden, da diese Registerform in vielen kontinentaleuropäischen Rechtsordnungen verbreitet ist.[22]

Die Führung der Grundbücher wird in Mitteleuropa vorrangig Grundbuchbehörden anvertraut, die bei den Gerichten angesiedelt sind. Dies ist vor allem dort der Fall, wo im Rahmen der Eintragungen mehr oder weniger umfangreiche rechtliche Prüfungen vorgenommen werden.

Diese Tradition bei den Gerichten angesiedelter Grundbuchführung will den Rechtsverkehr zwischen Privaten nicht von staatlichen Behörden abhängig machen, die Weisungen der Regierung unterworfen sein könnten, sondern als Bestandteil vorsorgender Rechtspflege der unabhängigen Justiz einverleiben. Soweit die allgemeine Rechtsweggarantie gegen öffentliche Akte verwirklicht ist, wie z.B. in Deutschland (Art. 19 Abs. 4 GG), dürfte dieser Gesichtspunkt allerdings einiges von seinem ursprünglichen Gewicht verloren haben, wenngleich der Gedanke justiziell garantierter Unabhängigkeit immer noch einiges für sich hat. In vielen mittel- und osteuropäischen Ländern wird ihm durchaus nicht ohne Grund noch Bedeutung zugemessen. Gerade dort kann das Grundbuchsystem auch vom rechtlichen Know-how der Justizangestellten und Richter profitieren.

In Ländern, die traditionell in größerem Umfang nicht-weisungsgebundene Behörden kennen, wie etwa Schweden und Großbritannien, wird das Grundbuch oft durch eine solche nationale zentrale Behörde geführt. Wenn dieser Behörde dann noch wie in Schweden gerichtsähnliche Funktionen im Nachbar- und Vollstreckungsrecht zugeordnet sind, zeigt sich eine enge Verwandtschaft zur justiziellen

---

21   Vgl. hierzu bereits C.I.2.
22   Nur dann, wenn der Erwerber sich auf die Einsicht in das Grundbuch beschränken kann, wird im engeren Sinne von einem mitteleuropäischen Grundbuchsystem gesprochen. Die übrigen Publizitätssysteme werden dagegen meist als Immobilienregister oder Hypothekenregister bezeichnet. In dieser Studie wird diese Unterscheidung allerdings nicht gemacht, da sie keine scharfe Trennlinie erlaubt und zudem im internationalen Sprachgebrauch nicht einheitlich verwendet wird.

Ordnung. In anderen Ländern, wie z.B. den Niederlanden, wurde die Zentralisierung Hand in Hand mit der Modernisierung des Registerwesens eingeführt, weil sich Reformen in einer zentralen Stelle schneller umsetzen lassen.

Vor allem in Osteuropa liegt das Grundbuchwesen teilweise auch in der Zuständigkeit weisungsgebundener Verwaltungsbehörden. Das ist nicht selten, so in der Tschechischen und der Slowakischen Republik, darauf zurückzuführen, dass die Grundbücher nach dem Ende des Sozialismus auf der Grundlage des Katasters wieder aufgebaut wurden, wobei die Katasterbehörden eine wichtige Rolle spielen.

Noch weitergehend haben in einigen Provinzen Kanadas (so British Columbia und New Brunswick) sowie Teilen des Commonwealth die Behörden private Unternehmer mit der Führung des Grundbuches beauftragt.

Eine Aussage über die Zuverlässigkeit der Grundbuchführung lässt sich auf der Grundlage bloßer Zuordnung nicht machen. Wichtig ist allerdings, dass die Zuverlässigkeit und Unbeeinflussbarkeit der Grundbuchführung als der zentralen Quelle des Vertrauens des Rechtsverkehrs in die Sicherheit des Grundstücksverkehrs sichergestellt ist.

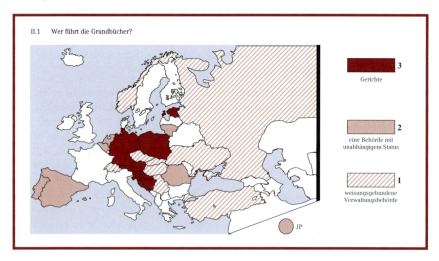

2. Welche Rechte werden in das Grundbuch eingetragen?

Nahezu alle hier erfassten Rechtsordnungen stimmen darin überein, dass das Eigentum, die Grundpfandrechte und andere dingliche Rechte in das Grundbuch eingetragen werden können. Lediglich in der Ukraine wird ein besonderes Register für Grundpfandrechte geführt.[23] Vorzugswürdig ist es sicherlich, alle Rechte in einem einheitlichen Register zu erfassen, um einen schnellen und effizienten Zugriff auf die Informationen zu gewährleisten.

---

23 Zum aktuellen Stand und zu den Reformbestrebungen vgl. *Kucherenko/Lassen*, S. 214 ff.

Erläuterung der Schaubilder

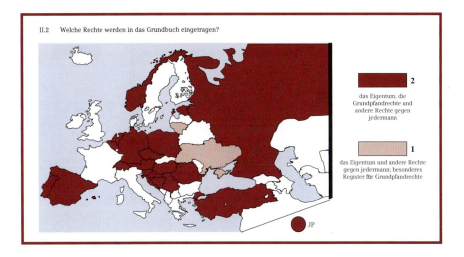

II.2 Welche Rechte werden in das Grundbuch eingetragen?

2 – das Eigentum, die Grundpfandrechte und andere Rechte gegen jedermann

1 – das Eigentum und andere Rechte gegen jedermann; besonderes Register für Grundpfandrechte

3. Erfolgen Verträge und Verfügungen über Grundstücke vor Notaren?

Sehr facettenreich ist die Rechtslage in Europa bezüglich der Frage, welche Formvorschriften für Verträge und Verfügungen über Grundstücke gelten. In Ländern des lateinischen Notariats wirken die Notare bei Immobilientransaktionen meist entscheidend mit. In manchen Ländern ist dies sogar rechtlich zwingend vorgeschrieben, in anderen ist es zumindest eine Voraussetzung späterer Registrierung und schon deshalb in der Praxis üblich. In einigen Ländern werden Immobilientransaktionen meist über spezialisierte Anwälte durchgeführt.

Viele Länder schreiben vor, dass ein unabhängiger Experte als „neutraler Dritter" herangezogen wird, der eine Immobilientransaktion begleitet. Damit will der Staat die Zuverlässigkeit des Grundstücksverkehrs und die Transparenz rechtlicher Transaktionen bei Grundstücken sichern. Daran besteht ein mehrfaches öffentliches Interesse. Unsicherheiten und fehlerhafte Transaktionen bedeuten für die beteiligten Parteien, aber auch für alle später mit einer Immobilie befassten Dritte ein erhebliches, nicht steuerbares Risiko. Die Unzuverlässigkeit des Grundstücksverkehrs kann die gesamte Immobilienwirtschaft und damit einen wesentlichen Teil der Volkswirtschaft beeinträchtigen. Bereits ganz normale Transaktionen wie der Verkauf einer Immobilie, der meist möglichst zeitgleich mit der Löschung von Belastungen und der Neubestellung von Grundpfandrechten erreichen eine hohe Komplexität, die eine professionelle Unterstützung erfordert. Es ist deshalb nicht verwunderlich, dass nahezu alle Länder eine solche Mittlerfunktion entweder zwingend vorsehen oder doch üblicherweise auf einen Personenkreis verweisen, der in der Praxis regelmäßig Grundstücksgeschäfte betreut, wie z.B. die spezialisierten Anwälte (oder licensed conveyancers) in England oder die besonders beaufsichtigten Makler oder Banken in skandinavischen Ländern. Auch soweit die Einschaltung eines Notars nicht durchgängig zwingend ist, aber doch regelmäßig erfolgt, wie z.B. in Österreich, handelt es sich um ein freiwillig akzeptiertes Angebot neutraler Beratung. Dem Notariat wird man sicherlich, bei allen zum Teil erheblichen Unterschieden in der Ausgestaltung beurkundender Mitwirkung, den höchsten Grad an

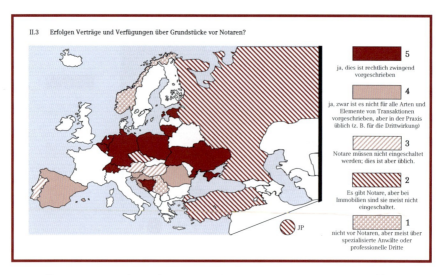

Neutralität, Betreuungsintensität und Professionalität zubilligen müssen.[24] Der Staat verbindet mit der Einschaltung Dritter nicht selten auch steuerliche Interessen.

4. Wie ist das Verhältnis von Grundbuch und Kataster?

Meist werden die verbindlichen Daten über Belegenheit und Größe einer Immobilie in einem Kataster festgehalten. Dagegen werden die Rechtsverhältnisse an Immobilien im Grundbuch publiziert. Daher verdient es besonderes Interesse, wer diese Register verwaltet und wie ihre Rechtsbeziehung zueinander ausgestaltet ist.

Bei gut funktionierender korrekter Verwaltung kann es vorteilhaft sein, wenn Grundbuch und Kataster einer gemeinsamen Verwaltung unterstehen. Überwiegend werden beide Register jedoch getrennt geführt, wobei dann das Grundbuch auf das Kataster Bezug nimmt, um auf diese Weise klarzustellen, wo die Immobilie liegt. Auffällig ist, dass alle hier untersuchten Länder über ein Kataster verfügen. Hin-

---

24 Ein interessanter Vergleich zur Bedeutung des Notariats bei Immobilientransaktionen wurde erarbeitet von *Murray, Peter L.*: Real Estate Conveyancing in 5 European Union Member States: A Comparative Study, August 2007; hierzu auch *Murray*, There is no free lunch, notar 5/2008, S. 4 ff. Neben der vergleichenden Darstellung enthält die Studie einzelne Länderberichte zu Deutschland, England/Wales, Estland, Frankreich, Schweden sowie den USA (Maine und New York); darin stellt sie die jeweiligen rechtlichen Grundlagen eines Grundstückskaufes und einer Grundpfandrechtsbestellung sowie den praktischen Ablauf und die Kosten dar.

gewiesen sei hier jedoch auf UK, wo es ein getrenntes Kataster nicht gibt,[25] das Register mit seinen Daten, z.B. über Grenzen und Flächen, insoweit allerdings auch keinerlei positive Publizität entfaltet.

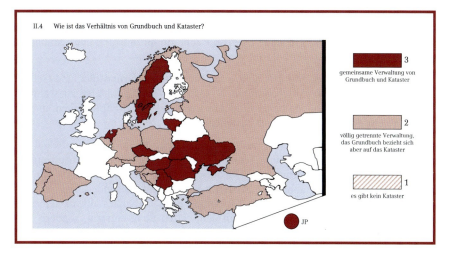

II.4 Wie ist das Verhältnis von Grundbuch und Kataster?

3 gemeinsame Verwaltung von Grundbuch und Kataster

2 völlig getrennte Verwaltung, das Grundbuch bezieht sich aber auf das Kataster

1 es gibt kein Kataster

5. Sind Gebäude Teil des Grundstückes (außer bei grundstücksgleichen Rechten), oder sind sie rechtlich getrennt und werden getrennt eingetragen?

Die Regelung rechtlichen Verhältnisses zwischen dem Grund und Boden einerseits und dem darauf stehenden Gebäude oder Bauwerk andererseits ist ein elementarer Bestandteil jeder Immobilienrechtsordnung mit weitreichenden Folgen für Rechtsklarheit, Rechtssicherheit und den Ablaufprozessen bei der Gewährung eines grundpfandrechtlich gesicherten Darlehens. Neben Fragen des materiellen Rechts spielt insoweit auch die Ausgestaltung immobiliarrechtlicher Publizitätspflicht eine besondere Rolle.

Weit überwiegend gilt der Grundsatz, dass das Gebäude rechtlich zwingend ein Bestandteil des Grundstückes ist und die Übertragung oder Belastung des Grundstückes automatisch auch für das Gebäude gilt (*superficies solo cedit*). Eine andere – und hier nicht näher dargestellte – Thematik ist die in vielen Rechten bestehende Möglichkeit, grundstücksgleiche Rechte als Belastung des Grundeigentums gleichsam zwischen das Grundstückseigentum und das Gebäude zu setzen, wobei

---

25 Vgl. hierzu *Peter Sparkes*: Real Property Law and Procedure in the European Union, Annotated Draft Questionaire, Report from England and Wales, project is co-directed by the European University Institute (EUI) and the Deutsches Notarinstitut (DNotI), Würzburg/ Germany (2004/2005), http://www.iue.it/LAW/ResearchTeaching/EuropeanPrivateLaw/ Projects/Real%20Property%20Law%20Project/England%20and%20Wales.PDF; LRA 2002 s 2 und s 68(1) (Land Registration Act 2002); *D. A. Hurdall*: England and Wales, 3.2.1 in: Property in Europe – Law and Practice, edit Anthony Hurndall, 1998, S. 113; *Robert M. Abbey, Mark B. Richards*: Blackstones Guide to the Land Registration Act 2002, 2002, S. 71.

dann das Gebäude rechtlich diesem grundstücksgleichen Recht und nicht dem Grundstück zugehört.²⁶

Im russischen Recht ist zwar das Gebäude rechtlich nicht Teil des Grundstückes. Jedoch zielt das neuere russische Recht darauf ab, möglichst zu einem Gleichlauf des rechtlichen Schicksals des Gebäudeeigentums und des Grundeigentums zu kommen. So können das Gebäude und das Recht am Grundstück nur gemeinsam mit einem Grundpfandrecht belastet werden.²⁷

Einige Rechtsordnungen Europas halten das Eigentum an Grundstück und Gebäude zwar grundsätzlich rechtlich getrennt, lassen eine Vereinigung aber zu, während in anderen Rechtsordnungen beide Eigentumsrechte stets getrennt bleiben, mögen sie auch dem gleichen Eigentümer zustehen.

Betrachtet man die Rechtsprobleme und den Prüfungs- und Arbeitsaufwand für den Grundstücksverkehr, die eine Trennung von Grundstücks- und Gebäudeeigentum in der Praxis mit sich bringt, liegt es auf der Hand, dass die rechtliche Einheit bereits aus Gründen ökonomischer Effizienz Vorteile hat. Besondere Fragen wirft getrenntes Gebäudeeigentum bei der Errichtung eines Gebäudes auf, da selbständiges Gebäudeeigentum nicht bereits mit dem ersten Stein entsteht, sondern – in den einzelnen Rechtsordnungen unterschiedlich geregelt – üblicherweise erst dann, wenn das Gebäude über den Erdboden hinausragt oder sogar das Erdgeschoss fertig gestellt ist. Die Finanzierung vor allem der ersten Bauphase, die Rechtslage beim Bau von Kellergeschossen und Tiefgaragen wirft insoweit komplexe Rechtsfragen auf, die im Fall rechtlicher Einheit erst gar nicht entstehen.

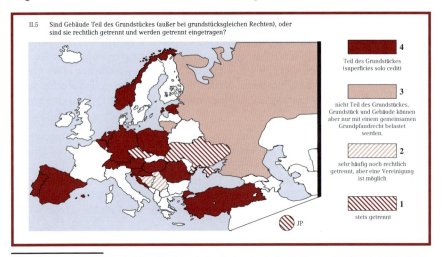

---

26 Solche grundstücksgleichen Rechte sind z.B. das deutsche Erbbaurecht, die niederländische Erbpacht und der polnische Ewige Nießbrauch. Im Grunde finden sich solche Rechte praktisch in fast allen Ländern, allerdings mit sehr unterschiedlicher Ausgestaltung im Detail. Die Tschechische und Slowakische Republik kennen sie grundsätzlich nicht, nutzen aber die dort herrschende Trennung von Grundstück und Gebäude, um den gleichen wirtschaftlichen Zweck zu erreichen; zum tschechischen Recht vgl. *Ebner*, Grundeigentum und Sicherheiten in Tschechien, 2006 (Schriftenreihe des vdp, Band 21), S. 6 ff.

27 Vgl. hierzu ausführlich *Lassen*, Die Hypothek nach russischem Recht als Kreditsicherungsmittel, 2007 (Schriftenreihe des vdp, Band 30), S. 107.

6. Können bereits vor Eintragung eines Grundpfandrechtes Anträge im Grundbuch kenntlich gemacht werden?

Für den Rechtsverkehr ist nicht nur die Zuverlässigkeit und Publizitätswirkung der Eintragungen im Grundbuch von Bedeutung, sondern auch die Frage, wie schnell eine Rechtswirkung durch Publizität herbeigeführt werden kann. Hierbei darf jedoch nicht alleine auf die vollständige Durchführung einer Eintragung abgestellt werden.[28] Vielmehr ist der gesamte Eintragungsvorgang mit seinen denkbaren Vorwirkungen zu berücksichtigen. Möchte man also die Schnelligkeit eines Grundbuch- oder Registersystems beurteilen, ist danach nicht nur zu berücksichtigen, welche Rechtswirkungen man mit der Eintragung erreichen kann, sondern auch, welche Schutzwirkungen in gewissen Vorstufen erreichbar sind. Insbesondere für den Zeitpunkt der Sicherungswirkung eines Grundpfandrechtes ist diese Differenzierung aus Sicht eines Kreditinstituts von entscheidender Bedeutung.

Untersucht man die Thematik genauer, lässt sich leicht feststellen, dass jede Rechtsordnung an die Stellung des Antrages auf Eintragung bereits gewisse Rechtsfolgen knüpft. In der Regel ist eine wichtige Rechtsfolge die Sicherung des Ranges, der insbesondere in einem Zwangsvollstreckungsverfahren die Reihenfolge der Befriedigung aus dem Erlös bestimmt. Zudem hat bereits der Antrag auf Eintragung in vielen Ländern auch eine Sicherungs- und Rangwirkung in der Insolvenz des Immobilieneigentümers.[29]

Die Rechtsschutzwirkung, die in manchen Ländern bereits der Eintragungsantrag herbeiführt, ist gewichtiger als die Rechtsfolgen, die andere Länder an die gesamte Eintragung knüpfen. Die Schnelligkeit des gesamten Eintragungsvorganges alleine sagt also einerseits wenig über die Zuverlässigkeit und Effizienz eines Grundbuch-

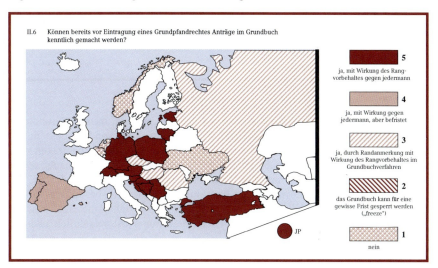

---

28   Diese unzureichende Sichtweise liegt jedoch der Studie Mortgages in Transition Economies der *European Bank for Reconstruction and Development* (EBRD), 2007, zugrunde. Vgl. hierzu D.I.1.b.
29   Vgl. hierzu C.VI.7.

systems aus. Andererseits bleibt festzustellen, dass Schutzmechanismen wie die Wirkung des Eintragungsantrages, einer Vormerkung oder Randanmerkung an Gewicht verlieren, wenn die Eintragung des Grundpfandrechtes selbst rasch erfolgen kann.

In manchen Ländern kann derselbe Sicherungseffekt durch eine Prioritätsfrist herbeigeführt werden, wie z.B. durch die „priority period" im UK.[30]

7. Wie wird für eine Eintragung die Zustimmung des Rechtseinräumenden nachgewiesen?

Alle untersuchten Rechtsordnungen machen die Stellung eines Eintragungsantrages von Formerfordernissen abhängig, die meisten sogar von der Mitwirkung eines Experten, wie z.B. eines Notars oder eines Anwaltes. Eine Besonderheit findet sich in Polen, wo die Banken die für eine Grundbucheintragung erforderlichen förmlichen Dokumente selbst erstellen können; dies ist ein Relikt aus der Zeit, in der die Banken staatlich waren.[31]

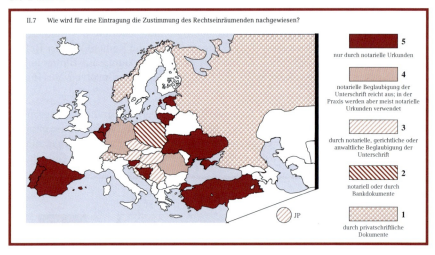

8. Wie ist die Grundbuchstruktur?

Das mitteleuropäische Grundbuchsystem ist dadurch geprägt, dass im Grundbuch nicht nur auf registrierte Grundbuchakten verwiesen wird, sondern dass in das Grundbuch die Rechte an Immobilien in formalisierter Ordnung eingetragen werden. Ein Blick in das Grundbuch genügt daher bereits oft, um die genauen rechtlichen Verhältnisse einer Immobilie festzustellen, d.h. wer Eigentümer ist und welche dinglichen Rechte an dieser Immobilie bestehen, insbesondere welche Grundpfandrechte in welcher (maximalen) Höhe. Man spricht daher auch von der „Spiegelfunktion" des Grundbuches.[32] Diese Funktion wird wesentlich dadurch

---

30 Vgl. hierzu LRA 2002 s 72; *Robert M. Abbey, Mark B. Richards*: Blackstones Guide to the Land Registration Act 2002, 2002, S. 72 f.
31 *Drewicz-Tułodziecka/Fundacja na Rzecz Kredytu Hipotecznego* (Hrsg.), Nieruchomość jako przedmiot obrotu i zabezpieczenia w Polsce, 2008 (erscheint in Kürze auf Deutsch), Teil V, Kapitel IV.5.5.1., S. 321 f.
32 *Zevenbergen*, Registration of property rights; a systems approach – Similar tasks, but different roles, Notarius International 2003, S. 125 (136 ff.).

erreicht, dass das Grundbuch für jedes einzelne Grundstück eine Seite vorhält und das Vertrauen auf den eingetragenen Inhalt geschützt wird oder sogar die Eintragung zwingende Voraussetzung für die Änderung der Rechtslage an einer Immobilie ist (konstitutive Wirkung einer Eintragung).

Demgegenüber ist das französische Registerwesen dadurch gekennzeichnet, dass gar keine Eintragung der Rechte selbst erfolgt, sondern nur Urkunden gesammelt und registriert werden, aus denen sich die Rechte an einer Immobilie ergeben. Hier ist eine rechtliche Analyse auf der Grundlage der gesammelten und registrierten Urkunden erforderlich, um sich ein zutreffendes Bild von der Rechtslage bezüglich eines Grundstücks zu machen. Ähnlich ist es auch in vielen US-Bundesstaaten.

Das Grundbuch soll mit seiner Dokumentation Vertrauen des Rechtsverkehrs in die rechtlichen Verhältnisse an Grundstücken schaffen und pflegen. Dies ist natürlich umso einfacher und besser möglich, je übersichtlicher diese Rechtsverhältnisse dargestellt sind, je schneller sie deshalb eingesehen werden können und folglich je enger die Verbindung zwischen Eintragung und Rechtslage gestaltet ist. Es liegt auf der Hand, dass eine Spiegelung der Rechtslage auf einem Blatt des Grundbuchs wie in Mitteleuropa dies eher und leichter leisten kann als ein System, das dem Nutzer die eigene Nachforschung zur Feststellung der Rechtslage abverlangt. Es ist daher auch folgerichtig, dass Länder der französischen Tradition bloßer Urkundensammlung die Zusammenführung der Information in Übersichtsblättern eingeführt haben,[33] die dann zwar keine rechtlich verbindliche Information oder Dokumentation beinhalten, aber z.B. in den Niederlanden auf Grund doppelter Prüfung durch Notare und Grundbuchspezialisten das Vertrauen des Rechtsverkehrs gewonnen haben.

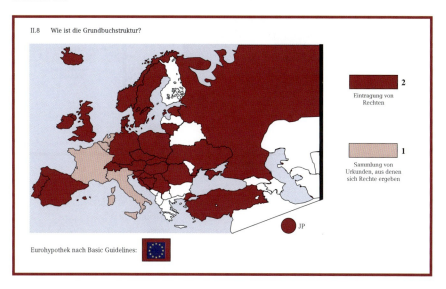

---

[33] Mit der Registerreform im Jahre 1955 wurde in Frankreich der „fichier immobilier" eingeführt, der die aktuellen rechtlichen Verhältnisse der Grundstücke zeigen soll, wie sie sich aus den publizierten Dokumenten ergeben; vgl. hierzu *Stöcker*, Die Eurohypothek, S. 94 ff.

9. Kann jeder Einsicht in das Verzeichnis der aktuellen Rechte im Grundbuch nehmen (nicht die Akten)?

Publizität des Grundbuchs ist nicht denkbar ohne die Möglichkeit, die publizierten Inhalte einzusehen. Daher sind Einsichtsrecht und tatsächliche Zugangsmöglichkeit selbstverständliche Grundelemente eines Grundbuchsystems.

Allerdings steht dieses Zugangsrecht in einem Spannungsverhältnis zum Schutz der Privatsphäre der von den Eintragungen Betroffenen. Dies hat zur Folge, dass in manchen Rechtsordnungen Europas das Recht auf Einsicht in das Grundbuch personell beschränkt ist, insbesondere auf solche Personen, die ein rechtliches Interesse an der Einsicht glaubhaft machen können. Rechtsordnungen mit personell unbeschränktem Zugang gewähren oft diesen freien Zugang nur auf das einzelne Grundstück, erlauben jedoch keine Suche nach allen Grundstücken einer bestimmten Person. Zudem bleibt der öffentliche Zugang zu den der Eintragung zugrunde liegenden Dokumenten in vielen Ländern beschränkt oder gar ausgeschlossen.

Eine Beurteilung der Effizienz eines Grundbuchsystems hat diese Differenzierungen in Betracht zu ziehen, wenn der Schutz des Eigentümers – häufig eines Verbrauchers – nicht außer Acht bleiben soll.[34]

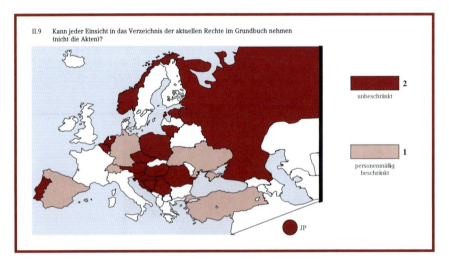

---

[34] Auch hier weist die Studie der EBRD Defizite auf, soweit sie diesen Gesichtspunkt in keiner Weise gewichtet. Vgl. D.I.1.b.

10. Welchen Stand hat die technische Durchführung des Grundbuches?

Für die Frage nach der Rechtssicherheit eines Grundbuchsystems hat der Stand seiner Elektronisierung relativ wenig Aussagekraft. Anders ist dies jedoch bei der Beurteilung der Schnelligkeit der Eintragungen und des effizienten und schnellen Zugriffs auf die eingetragenen Daten.

Die untersuchten Rechtsordnungen zeigen eine große Vielfalt beim Stand der Elektronisierung. Überwiegend wird heute das EDV-Grundbuch/Register als überregionale elektronische Datenbank geführt. Aber auch die gebietsmäßig beschränkte elektronische Grundbucheinsicht findet sich noch in mehreren Ländern.

Die weitgehendste Version der Elektronisierung, nämlich der volle elektronische Rechtsverkehr (e-conveyancing), bei dem die Parteien ihre Anträge elektronisch in ein elektronisches System eingeben, das sie selbsttätig verarbeitet, die Voraussetzungen – soweit im Grundbuch feststellbar – prüft und die Änderungen im Grundbuch auslöst, wurde bisher nur für England/Wales und Schottland entwickelt.[35] Weitere Länder streben dies jedoch an. Inwieweit sich diese bemerkenswerte Entwicklung in der Praxis langfristig bewährt, bleibt abzuwarten. Auf Dauer stellt sich die Frage nach seinem Verhältnis zur vorsorgenden Rechtspflege im Grundbuchbereich, die das englische Recht so nicht kennt. Die Übertragung eines solchen umfassenden elektronischen Transaktionssystems auch auf kontinentaleuropäische Grundbuchsysteme sollte wegen des Geschwindigkeits- und Effizienzgewinns vor allem im Massengeschäft, also der kleinteiligen Wohnungsfinanzierung, intensiv überlegt werden, wobei aber auf die Vereinbarkeit mit den Sicherungen des notariellen Systems zu achten wäre.

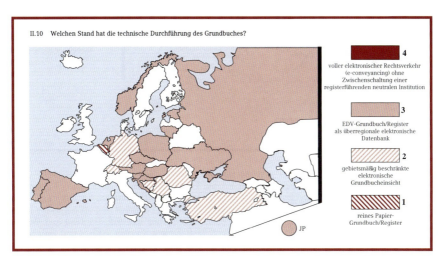

---

35 Vgl. hierzu ausführlich *Biederer*, Die rechtlichen Voraussetzungen elektronischer Grundstückstransaktionen in rechtsvergleichender Sicht, 2006 (Schriftenreihe des vdp, Band 22).

11. Kann man das Grundbuch aus anderen Ländern elektronisch über EULIS einsehen?

Selbst in der Fachöffentlichkeit noch wenig wahrgenommen wurden die bahnbrechenden Arbeiten des Projekts „European Union Land Information System" (EULIS). Dieses wurde von den Grundbuchinstanzen der nordeuropäischen Staaten initiiert; mittlerweile wirken zehn europäische Staaten daran mit.[36] Ziel des Projekts ist es, ein gemeinsames Internet-Portal der europäischen Grundbücher und Grundregister zu schaffen. Hierfür wurden in europaweiten Konferenzen nicht nur die Grundbuch- und -registersysteme systematisch untersucht und verglichen, sondern auch die eingetragenen Rechte unter Einschluss der Grundpfandrechte einer vertieften rechtsvergleichenden Betrachtung unterzogen. Seit November 2006 hat EULIS den aktiven Betrieb aufgenommen. Mittlerweile ist die grenzüberschreitende Einsicht in das Grundbuch im Netzwerk mehrerer Länder Europas möglich.

In den Jahren 2006/2007 wurde das EU-Projekt EULIS+ durchgeführt. Hierbei wurde eine Studie erstellt, in der geprüft wurde, ob und wie mehrere mitteleuropäische Länder an EULIS angeschlossen werden könnten; einige haben sich dar-

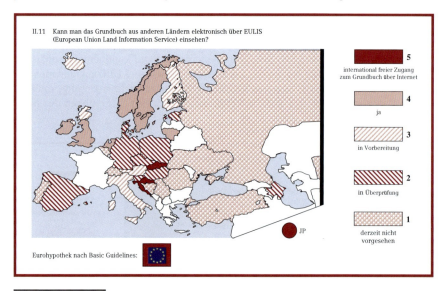

---

[36] *Ploeger/van Loenen*, EULIS – At the Beginning of the Road to Harmonization of Land Registry in Europe, European Rev. of Private Law 2004, 379, 382: „EULIS is a project within the eContent programme of the Directorate-General Information Society of the EU. It is collaboration between the organizations that provide computerized access to the legal information on real estate of eight European jurisdictions: Austria, England and Wales, Finland, Lithuania, the Netherlands, Norway, Scotland and Sweden. Also, Lund University is involved in the project." Neben dem vdp wirkten bei EULIS nur Vertreter der Bundesnotarkammer von deutscher Seite mit. Vgl. auch die Website von EULIS: www.eulis.org; *Zevenbergen*, Registration of property rights; a systems approach – Similar tasks, but different roles, Notarius International 2003, S. 125 (136 ff.); *European Mortgage Federation*, Mortgage Info October 2007, Computerisation of land registers and of registration of land and mortgage collateral in Europe; *Biederer*, Die rechtlichen Voraussetzungen elektronischer Grundstückstransaktionen in rechtsvergleichender Sicht, 2006 (Schriftenreihe des vdp, Band 22).

aufhin bereits für einen Anschluss entschieden. Weitere Länder prüfen die Mitwirkung an EULIS. Ein Grundproblem sind die unterschiedlichen Voraussetzungen einer Grundbucheinsicht in den einzelnen Rechtsordnungen; es ist aber auch ohne Vereinheitlichung aller Systeme lösbar.

12. Ist für die Wirksamkeit der Eigentumsübertragung an Immobilien die Eintragung in das Grundbuch entscheidend?

Für die Rechtssicherheit im Immobiliarrecht und die Bedeutung der Zuverlässigkeit eines Grundbuchsystems ist es von entscheidendem Gewicht, welche Rechtswirkung den Eintragungen zukommt. Wenn etwa die Eintragung der Eigentumsübertragung konstitutive Wirkung entfaltet, dann kann eine rechtsgeschäftliche Eigentumsübertragung auch nur mit der Eintragung durchgeführt werden, sie ist notwendiger Bestandteil des übertragenden Rechtsgeschäfts; solange die Eintragung des Erwerbers noch nicht erfolgt ist, kann er noch nicht Eigentümer geworden sein – weder im Verhältnis der Parteien untereinander („*inter partes*") noch gar im Verhältnis zu Dritten.

Hat die Eintragung dagegen nur deklaratorische Bedeutung, sind für Rechtsänderungen zwischen den Parteien allein vertragliche Vereinbarungen konstitutiv, also Vorgänge außerhalb des Grundbuchs. Trotzdem kann die Eintragung das Vertrauen Dritter auf den deklarierten Rechtszustand schützen – in vollem Umfang oder nur teilweise, was für den Grad der Sicherheit des Rechtsverkehrs von ausschlaggebender Bedeutung ist.

Es entspricht auch wirtschaftswissenschaftlichem Verständnis, dass wechselseitiges Vertrauen der Marktteilnehmer für das Funktionieren einer Wirtschaft entscheidend ist (Transaktionskostenersparnis).[37] Während man es aber bei vielen anderen Transaktionen eher in Kauf nehmen kann, dass Vertrauen gelegentlich enttäuscht wird, ist die wirtschaftliche Bedeutung von Grundeigentum für die Beteiligten meist so groß, dass sie sich des korrekten Austausches von Grundstücksrechten und eingesetztem Kapital sicher sein müssen. Dabei können die Rechtsverhältnisse an Grund-

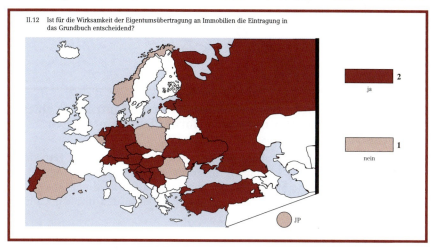

II.12 Ist für die Wirksamkeit der Eigentumsübertragung an Immobilien die Eintragung in das Grundbuch entscheidend?

---

[37] Vgl. hierzu *Knack/Keefer*, Does Social Capital Have an Economic Payoff?, The Quarterly Journal of Economics, Harvard 1997, s 1251 ff.

stücken besonders komplex sein. Für den Rechtsverkehr mit Immobilien erscheint es deshalb sinnvoll, das Vertrauen in die Gegenseite um die staatliche Gewährleistung rechtlich verbindlicher Informationen zu ergänzen. Die Verbindlichkeit dieser Informationen ist entscheidend für das Funktionieren der Immobilienwirtschaft und damit eines wesentlichen Teils einer Volkswirtschaft.[38]

Die Regelungen zum Vertrauensschutzes sind mit dieser Thematik eng verbunden, wie später noch einmal zu zeigen sein wird.[39]

13. Ist für die Wirksamkeit der Entstehung eines Grundpfandrechtes die Eintragung in das Grundbuch entscheidend?

Hierzu gilt im Grunde das Gleiche wie zum vorangehenden Schaubild. Allerdings wird von manchen Rechtsordnungen die Notwendigkeit ausreichenden Schutzes des Rechtsverkehrs bei der Bestellung einer Hypothek höher eingeschätzt als bei der Veräußerung einer Immobilie. Daher geben einige Länder der Eintragung bei Bestellung einer Hypothek eine konstitutive Wirkung, obwohl die Eintragung des Eigentumsübergangs dort nur deklaratorisch wirkt.

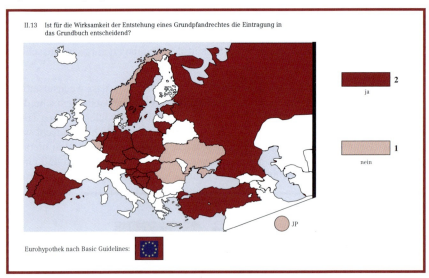

14. Wie lange dauert es in der Regel, wenn die Eintragung eines Grundpfandrechtes mit allen erforderlichen Unterlagen beantragt wird, bis es eingetragen ist?

Häufig wird in Beurteilungen und Analysen von Grundbuchsystemen vereinfacht auf die Schnelligkeit einer Eintragung hingewiesen. Dies gilt insbesondere für kritische Berichte über die Mängel des Immobilienverkehrs in Mittel- und Osteuropa.[40] Dabei wird jedoch zu wenig beachtet, dass es in den meisten Ländern

---

38 Vgl. auch C.II.3.
39 Hierzu C.II.17. ff.
40 Diesen allzu sehr simplifizierenden Ansatz verfolgt auch die Studie der *EBRD*, Mortgages in transition economies. Vgl. D.I.1.b.

Europas keine umfassenden Statistiken zu dieser Frage gibt und die wenigen statistischen Zahlen nicht nach den Ursachen der Eintragungsdauer oder wenigstens nach dem Zweck der Eintragung (konstitutiv oder deklaratorisch, Warnfunktion, vorläufiger Schutz etc.) differenzieren.

Auch die schnellste Eintragung kann dem Zweck eines Grundbuchsystems nur dienen, wenn sie zuverlässig ist. Sonst würde dem Vorteil einer schnellen rechtlichen Sicherung im Einzelfall der Nachteil erschütterten Vertrauens in das Grundbuchsystem insgesamt gegenüberstehen. Die sicherlich anzustrebende Schnelligkeit steht daher in einem Spannungsverhältnis zur Sicherheit des Eintragungsprozesses. Die meisten europäischen Länder sprechen im Interesse der Funktion des Grundbuches der Sicherheit einen hohen Stellenwert zu, während zum Beispiel in vielen Teilen der USA die Schnelligkeit im Vordergrund steht und der Nachteil in Kauf genommen wird, dass das Grundbuch dort die Anforderungen an eine sichere Feststellung der Rechtsverhältnisse nicht erfüllen kann und deshalb private Dienstleister (title research und title insurances) in Anspruch genommen werden müssen[41], die dann aus Geschäftsinteressen der Einführung gediegener Register ablehnend gegenüberstehen.

Die Aussage über die Dauer des Eintragungsverfahrens bei Bestellung eines Grundpfandrechtes kann nur eine Schätzung der Experten wiedergeben, die allerdings unter der Annahme erfolgt, dass der Antrag auf Eintragung vollständig und richtig gestellt worden ist.

In diesem Zusammenhang ist wiederum davor zu warnen, mit der Aussage über die Eintragungsdauer alleine eine Aussage über die Effizienz und Zuverlässigkeit eines Grundbuchsystems zu verbinden; denn die Rechtswirkungen des Antrags auf Eintragung sowie eventuell rascher Sicherungsinstrumente (wie z.B. einer Vormerkung) sind für eine Gesamtbewertung unverzichtbar.[42]

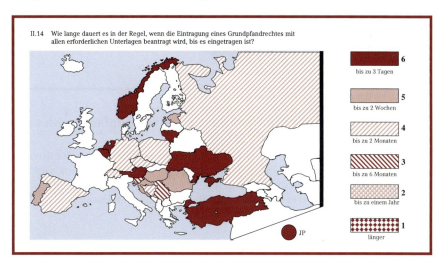

II.14 Wie lange dauert es in der Regel, wenn die Eintragung eines Grundpfandrechtes mit allen erforderlichen Unterlagen beantragt wird, bis es eingetragen ist?

---

41 Vgl. *Baur/Stürner*, Sachenrecht, 18. Aufl. 2009, § 64 Rn. 50 ff.
42 Vgl. hierzu auch C.II.6.

15. Ist für die Wirksamkeit der Übertragung eines Grundpfandrechtes, für das kein Brief besteht, die Eintragung in das Grundbuch entscheidend?

Bei komplexen Transaktionen, wie z.B. dem Verkauf von grundpfandrechtlich gesicherten Forderungen im Rahmen von nachträglichen Syndizierungen oder dem Verkauf von Kreditportfolien, hängen Wirtschaftlichkeit und damit Sinnhaftigkeit einer Transaktion nicht zuletzt davon ab, welcher Aufwand für ihre Durchführung erforderlich ist. Hierbei spielt die Frage eine nicht unwesentliche Rolle, ob die Eintragung für die Übertragung von Buchgrundpfandrechten konstitutiv ist, d.h. ob zur Wirksamkeit der Übertragung eines Grundpfandrechtes die Eintragung im Grundbuch zwingend erforderlich ist oder ob andere, weniger beschwerliche Formen Wirkung *inter partes* und ausreichende Drittwirksamkeit garantieren.

Auch diese Frage steht in engem Zusammenhang mit der Rechtssicherheit und dem Vertrauensschutz, den das Grundbuch gewähren kann. Daher ist der isolierte Blick auf die Schnelligkeit der Transaktion auch hier wenig sinnvoll.

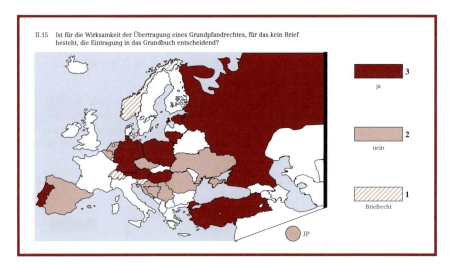

16. Ist das Vertrauen des Erwerbers eines Grundpfandrechtes in den Inhalt des Registers geschützt?

Das zentrale Anliegen jedweden Grundbuchsystems ist der Schutz des Rechtsverkehrs. Die entscheidende und schwierigste Frage ist dabei, wie stark das Vertrauen auf Eintragungen im Grundbuch geschützt sein soll. Mit diesem Themenspektrum des Vertrauensschutzes zugunsten des Rechtsverkehrs befassen sich die Fragen 16 bis 20.

Die Regelungen zum Vertrauensschutz hängen unmittelbar zusammen mit der Frage, welche Anforderungen derjenige erfüllen muss, der sich auf die Eintragungen im Grundbuch verlässt, und auf dieser Grundlage eine Rechtsposition geltend machen will. Der Vertrauensschutz wird – dies verdient besonderes Interesse – in den meisten Ländern nicht davon abhängig gemacht, dass der Schutzwürdige tatsächlich Kenntnis vom Inhalt des Grundbuches genommen hat.[43]

Das hier vorliegende Schaubild befasst sich mit der allgemeinen Frage der Wirkung des Registersystems zum Schutze des Rechtsverkehrs. Es besteht ein großer Bedarf, durch ein Publizitätsinstrument einfache Streitigkeiten über die Rechtslage an Immobilien möglichst zu vermeiden, z.B. die Streitfrage, wer Eigentümer einer Immobilie oder Inhaber eines Grundpfandrechtes ist.

Die beiden folgenden Schaubilder betreffen die Grundsatzfrage, ob der Rechtsverkehr sich auf Bestand und Inhaberschaft eines dinglichen Rechts verlassen kann, wie sie im Grundbuch publiziert sind, d.h. ob das dingliche Recht wirksam bestellt wurde und demjenigen zusteht, der im Grundbuch verlautbart ist. Vermutet wird also die Wirksamkeit des Bestellungsaktes oder des Übertragungsaktes.

Eine andere Frage ist, ob das Grundpfandrecht möglicherweise deswegen nicht existiert oder einredebehaftet nicht durchsetzbar ist, weil die gesicherte Forderung nicht oder nicht mehr besteht. Diese Frage betrifft die Wirkung des öffentlichen Glaubens im Verhältnis zur Akzessorietät des Grundpfandrechts. Auch hier ist ein Vorrang des öffentlichen Glaubens des Grundbuches möglich. Damit befasst sich die Frage C.IV.1.

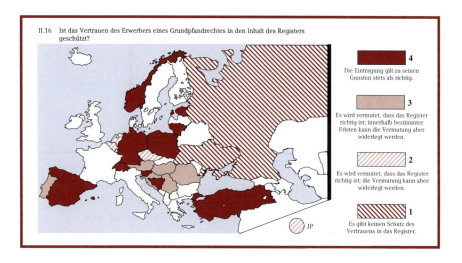

---

[43] In den skandinavischen Ländern findet allerdings die Ansicht starke Anhängerschaft, guter Glaube sei zweifelhaft, wenn der Erwerber keine Einsicht in das Grundbuch genommen habe.

17. Ist die Bestellung eines Grundpfandrechtes wirksam, wenn sie jemand vorgenommen hat, der als Eigentümer in das Grundbuch eingetragen ist, aber tatsächlich das Eigentum nicht erworben hat?

Hier wird der Frage nachgegangen, ob sich der Erwerber eines Grundpfandrechtes auf die Eintragung des Bestellers als Eigentümer im Grundbuch verlassen kann, auch für den Fall, dass dieser materiell Nichtberechtigter ist.

Angesichts der großen Bedeutung des Immobiliengeschäfts für eine Volkswirtschaft[44] ist es nicht ohne Konsequenz, dass die meisten Länder soweit gehen, das Vertrauen in den Inhalt des Grundbuches selbst in dem Fall zu schützen, dass ein dort nicht eingetragener Rechtsinhaber ohne sein Verschulden sein Recht verliert oder seine Belastung mit einem dinglichen Recht hinnehmen muss. Im Konflikt zwischen dem Schutz des Rechtsverkehrs und dem Schutz des materiell Berechtigten wird dort dem Schutz des Rechtsverkehrs Priorität eingeräumt, wo das Gesetz dem Grundbuch einen positiven öffentlichen Glauben verleiht. Wo dies nicht geschieht, wird der wahre Berechtigte grundsätzlich vorrangig geschützt, es sei denn, er hat selbst seine Eintragung versäumt (Vertrauen auf das Schweigen des Registers, negative Publizität).

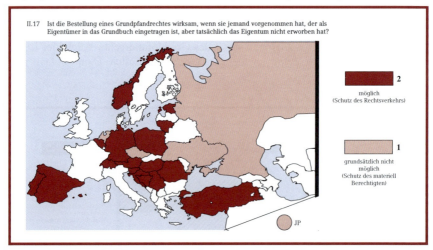

18. Ist die Übertragung eines Grundpfandrechtes wirksam, wenn sie jemand vorgenommen hat, der als Inhaber in das Grundbuch eingetragen ist, aber tatsächlich das Grundpfandrecht nicht erworben hat?

Die gleiche Frage stellt sich beim Erwerb des Grundpfandrechts von einer Person, die materiell zwar nicht Inhaber des Grundpfandrechtes ist, jedoch als solcher im Grundbuch eingetragen ist. Interessant ist, dass hierzu nicht alle Antworten identisch sind mit den Antworten zur Frage der Bestellung eines Grundpfandrechtes im Schaubild zuvor.[45]

---

44 Hierzu C.II.12.
45 Zur Frage des Vertrauensschutzes bei Fehlen der gesicherten Forderung vgl. C.IV.1.

Erläuterung der Schaubilder

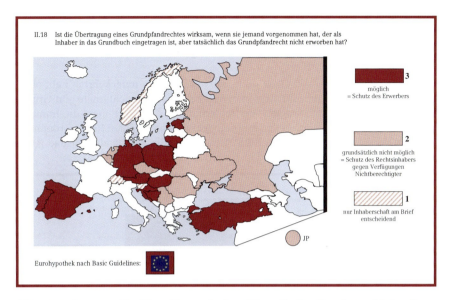

19. Ist der gutgläubige Erwerb des Grundpfandrechts abhängig vom Fristablauf?

Um den rechtlichen Konflikt zwischen wahrer Rechtslage und Buchlage etwas zu entschärfen, machen manche Rechtsordnungen den gutgläubigen Erwerb von einer Frist abhängig, in der derjenige Gegenmaßnahmen einleiten kann, der sein Recht als Rechtsfolge guten Glaubens verliert.[46]

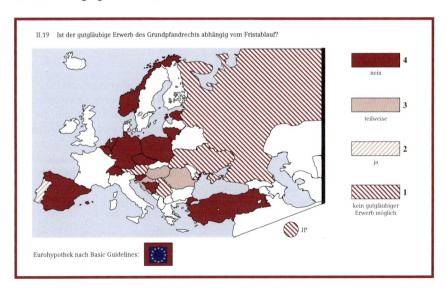

---

46 Bei dieser Frage nach dem Fristablauf wird nicht unterschieden zwischen den beiden vorangehenden Fragen 17 und 18.

20. Erhält ein Dritter, der die Immobilie erwirbt und im guten Glauben ist, dass es kein Grundpfandrecht gibt, die Immobilie lastenfrei? (Untergang des rechtsgeschäftlichen Grundpfandrechtes)

Die Frage des Vertrauensschutzes stellt sich auch für den umgekehrten Fall, nämlich dass das Grundpfandrecht zwar materiell besteht, aber nicht (mehr) im Grundbuch eingetragen ist (z.B. wegen einer fehlerhaften Löschung) – und die Immobilie nunmehr veräußert wird. In den meisten der hier untersuchten Rechtsordnungen kann sich der Erwerber der Immobilie insoweit auf die Vollständigkeit und Richtigkeit der Eintragungen im Grundbuch verlassen.

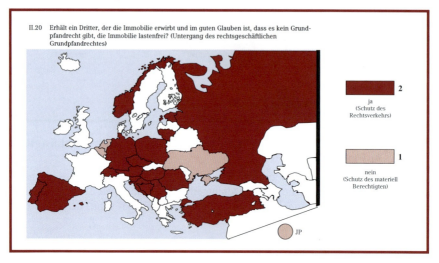

III. Akzessorietätswirkungen

Die Kernfrage der rechtlichen Konstruktion eines Kreditsicherungsrechts ist sein Verhältnis zur gesicherten Forderung. Auch für eine Differenzierung zwischen den Grundpfandrechten auf nationaler wie auf europäischer Ebene ist deshalb die Art der rechtlichen Verbindung zwischen dem Grundpfandrecht und der gesicherten Forderung das maßgebliche Kriterium. Nicht verwechselt werden darf die Akzessorietät mit der Frage, ob der Bestellung des Grundpfandrechts eine wirksame causa zugrunde liegen muss und ob ihr Fehlen die Wirksamkeit des Grundpfandrechts beeinflusst, wie es in Diskussionen auf europäischer Ebene – insbesondere im Zusammenhang mit der Thematik der Eurohypothek – jedoch immer wieder geschieht.[47]

---

[47] Zur Differenzierung zwischen Akzessorietät und Abstraktheit des Sicherungsrechts und der Frage nach der wirksamen causa für seine Bestellung vgl. *Soergel/Stöcker*, EU-Osterweiterung und dogmatische Fragen des Immobiliarsachenrechts – Kausalität, Akzessorietät und Sicherungszweck, ZBB 2002, 412–420; *Köndgen/Stöcker*, Die Eurohypothek – Akzessorietät als Gretchenfrage?, ZBB 2005, S. 112 ff. (114); *Stadler*, Gestaltungsfreiheit und Verkehrsschutz durch Abstraktion – eine rechtsvergleichende Studie zur abstrakten und kausalen Gestaltung rechtsgeschäftlicher Zuwendungen anhand des deutschen, schweizerischen, österreichischen, französischen und US-amerikanischen Rechts, 1996, S. 7 ff., 600 ff.; *Baur/Stürner*, Sachenrecht, 18. Aufl. 2009, § 5 Rn. 40 ff. und § 36 Rn. 76a ff.

Nahezu alle europäischen Rechtsordnungen verfügen über Grundpfandrechte, die eine sehr enge rechtliche Verbindung zu der Forderung aufweisen, die sie sichern. Diese „Akzessorietät" genannte Verbindung hat jedoch mannigfaltige konstruktive Erscheinungsformen und unterschiedliche Auswirkungen, sodass sich eine undifferenzierte Betrachtungsweise verbietet.

Die Arten oder Auswirkungen der Akzessorietät lassen sich nach den unterschiedlichen Konfliktslagen unterscheiden, in denen das „geführte" Recht (Grundpfandrecht) an das „führende" Recht (Forderung) anzupassen ist:[48]

(1) Akzessorietät in der **Entstehung**: Das Grundpfandrecht entsteht nur, wenn auch die gesicherte Forderung entsteht.

(2) Akzessorietät im **Umfang**: Der Umfang des Grundpfandrechts bestimmt sich nach dem Umfang der gesicherten Forderung, z.B. nach deren Höhe.

(3) Akzessorietät in der **Zuständigkeit**: Dem Gläubiger der gesicherten Forderung steht auch das Grundpfandrecht zu.

(4) Akzessorietät im **Erlöschen**: Erlischt die gesicherte Forderung (z.B. durch Tilgung[49]), dann erlischt auch das Grundpfandrecht.

(5) Akzessorietät in der **Durchsetzung**: Das Grundpfandrecht ist nur dann durchsetzbar, wenn auch die gesicherte Forderung durchsetzbar ist.[50]

Dieses Verhältnis von führendem (gesicherte Forderung) und geführtem Recht (Grundpfandrecht) kann daher nicht mit der einfachen Frage nach Akzessorietät oder Nicht-Akzessorietät erfasst werden,[51] sondern bedarf differenzierender Betrachtung.

Die nachfolgenden Schaubilder zeigen, wie die hier untersuchten Rechtsordnungen die Akzessorietät der Grundpfandrechte differenzierend ausgestalten. Da es in den meisten Ländern mehrere Arten von Grundpfandrechten gibt, wird für die Darstel-

---

48 Vgl. hierzu bereits *Medicus*, Die Akzessorietät im Zivilrecht, JuS 1971, S. 497 ff.
49 Die Tilgung der Forderung führt dort zum Erlöschen der Hypothek, wo die Hypothek „bestandsakzessorisch" ist, wie z.B. auch heute noch grundsätzlich (d.h. außerhalb der hypothèque rechargeable) in Frankreich. Durch die Tilgung kann aber auch ein Unterfall der Zuständigkeitsakzessorietät betroffen sein, wie z.B. bei der deutschen Hypothek, bei der das Erlöschen der Forderung dazu führt, dass der Eigentümer die Hypothek erwirbt, die sich dann in eine Eigentümergrundschuld umwandelt (§§ 1163 Abs. 1 Satz 2, 1177 Abs. 1 S. 1 BGB); daher wird die deutsche Hypothek als „zuständigkeitsakzessorisch" bezeichnet.
50 Einem in Entstehung und Umfang nicht-akzessorischen („abstrakten") Grundpfandrecht fehlt in aller Regel die Durchsetzbarkeit, wenn eine Forderung nicht oder nicht in dieser Höhe existiert, so z.B. die deutsche Grundschuld. Eine andere Frage ist es, ob aus dem Grundpfandrecht vollstreckt werden kann, wenn die gesicherte Forderung bereits verjährt ist.
51 Dies ist die gewichtigste und häufigste Ungenauigkeit, die regelmäßig zu Unverständnis und Konfrontation bei den Diskussionen über die Eurohypothek führt. Wenn Akzessorietät oder Nicht-Akzessorietät simplifiziert als dogmatische Einheitsgröße abgehandelt werden, so erschwert dies die Entwicklung einer differenzierenden Betrachtung der verschiedenen Arten der Akzessorietät oder, anders formuliert: der Auswirkungen der Akzessorietät. Besser wäre es, die einzelnen Auswirkungen der Akzessorietät daraufhin zu untersuchen, welche Vor- und Nachteile sie für die beteiligten Personen haben. Auf dieser Basis könnten dann Empfehlungen für die Ausgestaltung der Akzessorietät oder Nicht-Akzessorietät einer Eurohypothek wie auch eines nationalen Grundpfandrechts entwickelt werden.

lung die jeweils flexibelste Art zugrunde gelegt, soweit sie eine ausreichende praktische Bedeutung hat.[52]

1. Entsteht das Grundpfandrecht nur, wenn die gesicherte Forderung entsteht?

Die hier angesprochene Entstehensakzessorietät ist eine Eigenschaft von Grundpfandrechten, die häufig unterstellt wird, aber nur in wenigen Ländern tatsächlich gegeben ist. Die Ursache hierfür dürfte darin liegen, dass meist undifferenziert nach der Existenz von Forderung und Grundpfandrecht gefragt wird, obwohl bei genauer Betrachtung Vorstufen der Existenz einer Forderung ausreichen können und deshalb der geeignetere gedankliche Ansatzpunkt wären.

a) Wirtschaftliche Interessen und praktische Fallgestaltungen legen es nahe, die Existenz eines Grundpfandrechtes nicht von der Existenz einer zu sichernden Forderung abhängig zu machen, sondern bereits ein Rechtsverhältnis ausreichen zu lassen, aus dem die zu sichernde Forderung entstehen wird. Selbst in Rechtsordnungen, in denen eine konkrete Forderung erforderlich ist, genügt meist auch eine künftige Forderung. Die Grenzziehung zwischen einer künftigen Forderung und dem für eine Forderung zugrunde liegenden Rechtsverhältnis dürfte häufig eindeutig schwer zu ziehen sein. Wichtig für diese Untersuchung ist es, feststellen zu können, dass praktisch überall nicht auf die volle Entstehung einer konkreten zu sichernden Forderung abgestellt wird, um die Entstehung eines Grundpfandrechtes zu ermöglichen.

In mehreren Rechtsordnungen wird das Grundpfandrecht nicht-akzessorisch konstruiert. Dies bedeutet, dass es für seine Existenz weder einer zu sichernden Forderung noch eines Rechtsverhältnisses bedarf, aus dem eine Forderung entstehen kann. Diese rechtliche Konstruktion ändert jedoch nichts daran, dass heute der Zweck der Bestellung eines nicht-akzessorischen Grundpfandrechtes praktisch stets darin liegt, eine oder mehrere Forderungen zu sichern. Die Nicht-Akzessorietät ist dabei lediglich ein rechtliches Mittel, ein Höchstmaß an Flexibilität zwischen der Sicherheit, also dem Grundpfandrecht, und der gesicherten Forderung zu erreichen. Damit wird aber auch klar, dass zwischen Grundpfandrecht und Forderung eine rechtliche Verbindung hergestellt werden muss – dies geschieht im Sicherungsvertrag oder der Sicherungsabrede.

b) Am Beispiel der deutschen Grundschuld soll dies kurz verdeutlicht werden.[53] Die Grundschuld, früher auch „selbständige Hypothek" genannt[54], wurde als rechtstechnisch isoliertes Grundpfandrecht vorwiegend zu Refinanzierungszwecken, d.h. zur Nutzung durch Privatpersonen im Kapitalverkehr entwickelt. Sie hatte zum Ziel, eine dingliche Forderung am Kapitalmarkt verkäuflich und handelbar

---

52 Vgl. hierzu auch C.I.1. und 4.
53 Ausführlicher *Baur/Stürner*, Sachenrecht, 18. Aufl. 2009, § 45; *Stöcker,* Die Eurohypothek, Internationale Juristenvereinigung Osnabrück, Jahresheft 2007, S. 71 ff.
54 *Buchholz*, Abstraktionsprinzip und Immobiliarrecht – Zur Geschichte der Auflassung und der Grundschuld, 1978, S. 11 u. S. 395. Der Begriff der Grundschuld wurde bei den Arbeiten am BGB als neutraler Begriff gegenüber der Realobligation, dem Realwechsel und dem Grundwechsel bevorzugt (*Buchholz*, S. 345). Der Grundschuldbrief wurde auch als „Wechsel auf dem Gebiet des Realverkehrs" bezeichnet (*Buchholz*, S. 343, Fn. 18 m.w.N.)

zu machen.⁵⁵ Dies erforderte zum einen deren leichte Übertragbarkeit – hierzu diente die Briefform.⁵⁶ Zum anderen war wichtig, dass ein weiterer Erwerber der Grundschuld (der Kapitalinvestor) als neuer Gläubiger vor Einwendungen/Einreden geschützt wurde, auf die er keinen Einfluss hatte. Unter allen Grundpfandrechtsarten bildete sie damit die „Spitze" an Verkehrsfähigkeit und Umlaufsicherung.⁵⁷ Auch wenn sie eine Forderung sichern sollte, so bedeutete die Wahl der Grundschuld, dass die Vertragsparteien den Verkehrsinteressen den Vorzug vor den Sicherungsinteressen geben wollten.⁵⁸

Während der Gesetzgeber des BGB der Hypothek den Vorrang vor der Grundschuld gab⁵⁹, hat sich das Verhältnis dieser beiden Grundpfandrechtsarten in der Praxis bald umgekehrt. Heute wird in der Kreditpraxis von Kreditinstituten ganz überwiegend, d.h. wohl zu deutlich über 90%, die Grundschuld verwendet, allerdings in der Form der Sicherungsgrundschuld.⁶⁰ Bei der Sicherungsgrundschuld wird in einer Sicherungsvereinbarung festgelegt, zu welchem Zweck die Grundschuld bestellt wird und wie lange sie der Eigentümer bereitstellen muss, d.h. also wann er sie wieder zurückerhalten oder deren Löschung verlangen kann. Auf diese Weise entsteht eine Art vertragliche Akzessorietät⁶¹ des nicht-akzessorisch konstruierten Grundpfandrechts.

c) Etwas anders gestaltet sich die Konstruktion in Fällen, in denen eine akzessorische Hypothek mit einer sog. abstrakten Forderung verbunden wird, wie z.B. einem Wechsel oder einem abstrakten Schuldversprechen. Die im internationalen Kreditgeschäft heute übliche sog. „parallel debt" kann ebenfalls in diese Kategorie eingruppiert werden Das Grundpfandrecht selbst ist zwar als streng akzessorisch zu beurteilen, aber eben nur im Verhältnis zu einem abstrakten Schuldversprechen, das unabhängig von der parallel existierenden Darlehensforderung besteht. Diese

---

55 Durch ihren Charakter als isoliertes Grundpfandrecht sollte sie frei und unabhängig von einer Darlehensforderung sein. Die Rechtsbeziehung zwischen Eigentümer und Erwerber der isolierten Grundschuld kann so besehen zwar funktional als ein Kreditgeschäft verstanden werden, rechtlich entspricht es aber eher einem teilweisen Erwerb der Immobilie, genauer nämlich dem Erwerb des Verwertungsrechts. Erst später hat sich die Sicherungsgrundschuld entwickelt, und zwar durch die schuldrechtliche Bindung dinglicher Rechtsmacht (fiduziarischer Charakter), aus der eine schuldrechtliche Beschränkung der dinglichen Rechtsposition folgt; vgl. *Buchholz*, Abstraktionsprinzip, S. 12.
56 Von allen Arten bietet der Grundschuldbrief auf den Inhaber, § 1195 BGB, die größte Verkehrsfähigkeit. Er hat jedoch keine praktische Bedeutung, ebenso wenig wie die Wertpapierhypothek; vgl. hierzu *Staudinger/Wolfsteiner* (2002), § 1195, Rn. 1; *Baur/Stürner*, Sachenrecht, 18. Aufl. 2009, § 47. Derartige Grundpfandrechtsarten mit sehr hoher Verkehrsfähigkeit wurden in vielen Ländern entwickelt, kommen heute allerdings in der Praxis kaum mehr vor.
57 *Buchholz*, Abstraktionsprinzip, S. 11.
58 *Buchholz*, Abstraktionsprinzip, S. 347.
59 *Buchholz*, Wissenschaft und Kodifikation, S. 218 ff., zeigt eindrucksvoll die Entwicklungsgeschichte der Grundschuld vom 18. Jahrhundert bis zu den Reformarbeiten für das BGB auf. Rechtsdogmatische Grundsatzdiskussionen und vor allem rechtspolitische Richtungswechsel führten dazu, dass die Grundschuld in manchen Phasen die beherrschende Grundpfandrechtsart darstellen sollte, in anderen Phasen dagegen vollständig abgeschafft werden sollte.
60 Vgl. zur unklaren statistischen Lage *Stöcker*, Die Eurohypothek, S. 25 ff. m.w.N.
61 Zu diesem Begriff *Baur/Stürner*, Sachenrecht, 18. Aufl. 2009, § 36 Rn. 77a ff. und § 45 Rn. 9 ff.

Sicherungsstruktur macht es ebenso wie bei nicht-akzessorischen Grundpfandrechten grundsätzlich erforderlich, durch einen Sicherungsvertrag den Sicherungszweck und -umfang der abstrakten Forderung (Wechsel, Schuldversprechen, parallel debt) zu bestimmen.[62]

Grundpfandrechte in Kombination mit abstrakten Schuldversprechen finden sich in Norwegen (gjort pantobligasjon) und Schweden (pantbrev)[63]; auch die Sonderform der Eigentümerhypothek in Dänemark (ejerpantebrev) dürfte hierzu gehören.[64] Solche Gestaltungsformen stellen eine deutliche Parallele zur deutschen „abstrakten Hypothek" dar. Die Verbindung eines englischen oder US-amerikanischen Grundpfandrechts mit einer debenture oder promissory note zeigt eine ähnliche Charakteristik.[65]

Die Kombination eines Grundpfandrechtes mit einem abstrakten Schuldversprechen gibt es ebenso in der Schweiz (Schuldbrief)[66], in der Türkei (ipotekli borç senedi)[67] und in Argentinien (letra hipotecaria)[68]. Dort besteht zudem die Besonderheit einer gesetzlichen Regelung, nach der die ursprüngliche Darlehensforderung durch ein abstraktes Schuldversprechen ersetzt wird, die Darlehensforderung also durch eine Novation[69] erlischt, so dass nur noch die im Wertpapier verkörperte abstrakte Forderung neben dem Grundpfandrecht erhalten bleibt.

---

62   *Lassen*, Russland, in: Stöcker, Flexibilität, S. 108 f., kritisch zur Verbindung einer russischen Hypothek mit einem abstrakten Schuldversprechen (parallel debt).
63   In Schweden wird das Grundpfandrecht nicht zur Sicherung des Darlehens, sondern eines „skuldebrev" bestellt, der als gesonderte Verbindlichkeit neben das Darlehen tritt.
64   Der ejerpantebrev ist nicht gesetzlich geregelt, sondern wurde von dänischen Bankjuristen aus den Prinzipien des allgemeinen Rechts des pantebrev (der dänischen Briefhypothek) entwickelt. Er entsteht dadurch, dass der Eigentümer einer Immobilie diese für eine Forderung, die gegen ihn selbst gerichtet ist, verpfändet und für diese Forderung und Verpfändung das Grundbuchamt auf Antrag des Eigentümers ein Wertpapier ausstellt, den ejerpantebrev. Dieses Wertpapier wird vom Eigentümer an den Gläubiger zur Sicherheit verpfändet, wobei die Verpfändung in einer eigenen Vereinbarung festgehalten wird. Es gibt also zwei Verpfändungen: die Verpfändung des Grundstücks und die des ejerpantebrev.
65   In vielen US-Bundesstaaten ist es üblich, das Grundpfandrecht für eine „promissory note" zu bestellen, die ebenfalls eine selbständig neben dem Darlehen existierende Verbindlichkeit schafft. Auch in der deutschen Kreditpraxis wurde die Kombination aus abstraktem Schuldversprechen mit Sicherung durch eine Hypothek zeitweise genutzt, dann jedoch aufgrund der einfacheren Handhabbarkeit der Sicherungsgrundschuld aufgegeben; vgl. zu dieser „abstrakten Hypothek" *Baur/Stürner*, Sachenrecht, 18. Auflage 2009, § 36 Rn. 76, § 37 Rn. 18 und § 40 Rn. 45 f.
66   Zur Novation beim Schweizer Schuldbrief vgl. *Stürner/Stadler*, Hypothekenpfandbriefe und Deckungswerte in der Schweiz, 2007 (Schriftenreihe des vdp, Band 31), S. 13; *Stöcker*, Die Eurohypothek, S. 243.
67   Dieses Grundpfandrecht, dessen Orientierung am Schweizer Schuldbrief dem rezeptiven Einfluss des Schweizer ZGB auf das türkische ZGB folgt, wird in der türkischen Kreditpraxis offenbar nicht verwendet. Nach dem türkischen Verbraucherkreditgesetz darf es durch Verbraucher nicht bestellt werden. Derzeit beschäftigen sich wissenschaftliche Arbeiten mit der Frage, inwieweit dieses Verbot gerechtfertigt ist. Vgl. auch C.I.4.
68   Vgl. hierzu *Cristiá/Stöcker*, Structured „Covered Bonds" in Argentina, Immobilien & Finanzierung 2007, S. 318.
69   Zumindest in der Schweiz ist unstreitig, dass diese Novationswirkung nachgiebig gilt, also vertraglich (auch konkludent) ausgeschlossen werden kann, was in der Praxis der Kreditinstitute üblich ist. Zur vergleichbaren Rechtslage in Russland vor 1917 vgl. *Lassen*, Die Hypothek nach russischem Recht als Kreditsicherungsmittel, 2007, S. 77 ff.

Dieser kurze und beispielhafte Überblick zeigt, dass sich bei näherer Betrachtung Akzessorietät und Nicht-Akzessorietät in zahlreichen Varianten manifestieren. Diese sehr unterschiedliche grundsätzliche Gestaltung der Entstehensakzessorietät hat entscheidenden Einfluss auf praktische Fallgestaltungen, die unter C.VII. erläutert werden.

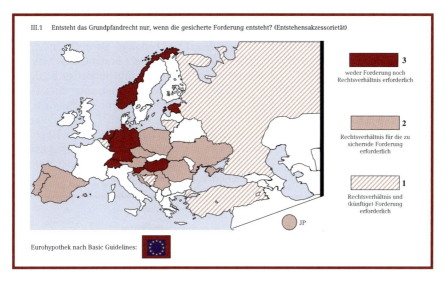

2. Kann ein von der gesicherten Forderung unabhängiger höherer Haftungsrahmen registriert werden?

Auch die Umfangsakzessorietät wird allgemein als selbstverständliche Eigenschaft von Hypotheken angenommen und zuweilen sogar als unbedingt notwendig postuliert, um den Verbraucher zu schützen. In der Rechtswirklichkeit jedoch finden sich in Europa praktisch überall Ausnahmen, welche die Praxis dominieren, ohne bisher als problematisch oder gar gefährlich für den Verbraucher aufgefallen zu sein.

Die als Ausnahme zur Umfangsakzessorietät am weitesten verbreitete Grundpfandrechtsart in Europa ist die sog. Höchstbetragshypothek. Bei ihr ist die Umfangsakzessorietät gelockert, weil die gesicherte Forderung in der Höhe schwanken kann. Erst im Jahre 1996 wurde in Belgien, wo man lange Jahre dem französischen Vorbild der streng akzessorischen Hypothek gefolgt war, die „hypothèque pour toutes sommes" gesetzlich geschaffen. Durch die belgische Hypothek „pour toutes sommes" können auch zukünftige Forderungen gesichert werden, sofern sie bei der Bestellung der Hypothek bestimmt oder bestimmbar sind; diese Hypothekenart hat sich in der belgischen Kreditpraxis schnell durchgesetzt.[70]

Problematisch ist bei manchen Höchstbetragshypotheken (z.B. nach deutschem und österreichischem Recht), dass ein einheitlicher maximaler Haftungsbetrag für

---

[70] Die belgische „hypothèque pour toutes sommes" wurde der niederländischen Bankhypothek nachgebildet, geht jedoch über deren Anwendungsbereich hinaus: Sie kann auch andere als Bankforderungen sichern und vermittelt ihre Flexibilität auch einem Zessionar *pro rata*.

Kapital und Zinsen vereinbart werden muss. Diese Höchstbetragshypotheken sind also nicht verzinslich, so dass in den Kapitalbetrag auch die Zinsen eingerechnet werden müssen, die man mitsichern und gegebenenfalls vollstrecken möchte – mit Folgen für die Bestellungsgebühren.

Ein weiterer für die Praxis wichtiger Nachteil kann die Effizienz eines Vollstreckungsverfahrens betreffen. Da das Kapital nur ein Höchstbetrag, also ein Maximalbetrag ist, kann eine Höchstbetragshypothek nach h.M. z.B. in Deutschland nicht für sofort vollstreckbar erklärt werden. Dies bedeutet, dass die in vielen Rechtsordnungen grundsätzlich gegebene Möglichkeit nicht besteht, dass sich ein Eigentümer mit dinglicher Wirkung für jeden künftigen Eigentümer (z.B. durch eine notariell beurkundete Erklärung) der sofortigen Vollstreckung unterwirft. Dann muss die Bank grundsätzlich zuerst einen Titel erstreiten, bevor sie das Zwangsvollstreckungsverfahren einleiten kann. Allerdings sind manche Rechtsordnungen von solchen Einschränkungen nicht berührt, wenn z.B. jede notarielle Hypothekenurkunde kraft Gesetzes ohne weiteres vollstreckbar ist; die Frage der tatsächlichen Forderungshöhe entscheidet sich dann nach allgemeinen Regeln der Beweislastverteilung bei Entstehen und Erlöschen von Forderungen.

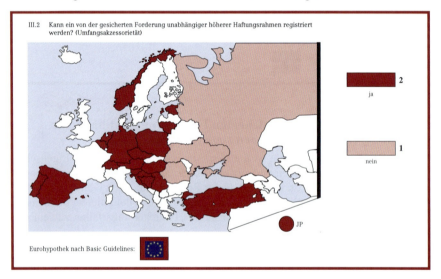

III.2 Kann ein von der gesicherten Forderung unabhängiger höherer Haftungsrahmen registriert werden? (Umfangsakzessorietät)

3. Ist der Gläubiger der gesicherten rechtlichen Forderung stets auch Inhaber des Grundpfandrechts?

Diese Zuständigkeitsakzessorietät kann eher als die beiden vorher analysierten Akzessorietätswirkungen als wesentliches Kernelement der klassischen akzessorischen Hypothek gelten. Zumindest wird allgemein angenommen, dass ein Auseinanderfallen der Stellung als Gläubiger des Grundpfandrechtes und als Gläubiger der gesicherten Forderung mit dem Akzessorietätsprinzip nicht vereinbar ist.[71]

Dies gilt sowohl bei der Bestellung als auch bei der Übertragung eines akzessorischen Grundpfandrechtes. Daher zeigen die Höchstbetragshypotheken ihre beschränkte Flexibilität vor allem auch bei einer Übertragung auf einen neuen Gläubiger. Denn hier greift die Akzessorietät in Gestalt der Zuständigkeitsakzessorietät und lässt die Abspaltung des Grundpfandrechts von der Forderung nicht zu. Folglich müssen Forderung und Grundpfandrecht grundsätzlich zusammen übertragen werden, nicht mitübertragene Forderungen sind nicht mehr dinglich gesichert. Die im Rahmen der Entstehensakzessorietät und vor allem der Umfangsakzessorietät erweiterte Flexibilität wird dadurch wieder eingeschränkt. Dies erschwert Syndizierungen und die Bewältigung weiterer, unter C.VII.10. und 11. aufgeführter Fallgestaltungen.

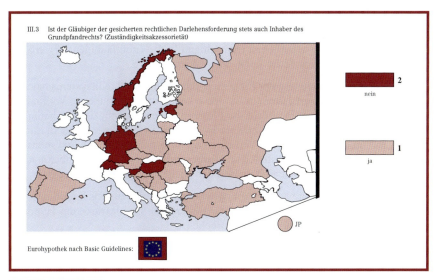

III.3 Ist der Gläubiger der gesicherten rechtlichen Darlehensforderung stets auch Inhaber des Grundpfandrechts? (Zuständigkeitsakzessorietät)

---

71 Für die deutsche Hypothek *Staudinger/Wolfsteiner* (2002), Vorbemerkung 7 zu § 1113 ff. m.w.N.; *Baur/Stürner*, Sachenrecht, 18. Aufl. 2009, § 37 Rn. 11. Interessant allerdings der Hinweis bei *Becker-Eberhard*, Die Forderungsgebundenheit der Sicherungsrechte, 1993, S. 329 ff., wonach sich eine Begründung für das Identitätsgebot in den Materialien zum BGB nicht finden lässt; er vertritt die Ansicht, dass sich Forderungsgebundenheit und Auseinanderfallen von Inhaberschaft am Sicherungsrecht und Gläubigerschaft an der gesicherten Forderung sehr wohl miteinander vertragen (S. 331). Ähnlich bereits im Jahre 1891 *Dernburg*, Das preußische Hypothekenrecht, Zweite Abtheilung, 1891, S. 61: „Ein Vorzug, den ihre Selbständigkeit der Grundschuld verleiht, ist, dass als Grundschuldgläubiger ein anderer als der persönliche Gläubiger eingetragen werden darf, welcher dann als Treuhänder die Grundschuld geltend machen kann. … Allerdings ließe sich eine „Hypothek" in derselben Weise begründen; denn es ist nicht anzunehmen, dass der Satz des gemeinen Rechtes, wonach nur dem persönlichen Gläubiger eine Hypothek gewährt werden kann, auch für die moderne Hypothek gilt."

4. Ist das Grundpfandrecht nur dann durchsetzbar, wenn auch die gesicherte Forderung durchsetzbar ist?[72]

Die Durchsetzungsakzessorietät sollte in der dogmatischen Gesamtschau eine größere Rolle spielen, als dies üblicherweise leider der Fall ist. Sie mag zwar aus Sicht der Kreditinstitute nicht wesentlich sein. Sie ist jedoch das vielleicht wichtigste Element dinglicher Haftung aus der Sicht des Eigentümers, wenn er sich gegen ungerechtfertigte Vollstreckungsverfahren zu wehren hat. Die Möglichkeit des Eigentümers, bei Fehlen einer gesicherten Forderung die Durchsetzung des registrierten Grundpfandrechts zu verhindern, ist aus rechtspolitischer Sicht ein wichtiges Kriterium, von dem die Beurteilung des Gesamtsystems der gesetzlichen Regelung der Grundpfandrechte als ausgewogen und fair abhängt.

Für alle untersuchten Rechtsordnungen – und damit sowohl bei akzessorischen als auch bei nicht-akzessorischen Grundpfandrechten – kann festgestellt werden, dass ein Eigentümer sich gegen eine Zwangsvollstreckung aus dem Grundpfandrecht wehren kann, wenn eine gesicherte Forderung fehlt. Allerdings ist hierbei zu berücksichtigen, dass der Widerstreit der Interessen des Verkehrsschutzes und des Eigentümerschutzes recht unterschiedlich gelöst wird. Dies zeigt sich dann, wenn das Grundpfandrecht übertragen wird, also ein Gläubigerwechsel stattfindet, und zwar völlig unabhängig vom konstruktiven Ausgangspunkt als akzessorisches oder nicht-akzessorisches Grundpfandrecht. Man kann beim akzessorischen Grundpfandrecht den (gutgläubigen) forderungslosen Erwerb zulassen und beim nicht-akzessorischen Grundpfandrecht – wie neuerlich in Deutschland[73] – den (gutgläubigen) Erwerb frei von der Einrede aus dem Sicherungsvertrag ausschließen.

Im Laufe der Modernisierung der Finanzwirtschaft und des Kreditsystems hat man schon vor einigen hundert Jahren in Europa erkannt, dass eine zu enge Verbindung von Darlehen und Grundpfandrecht die Flexibilität der Kreditbeziehung behindert – und auch die Refinanzierung erschwert. Daher haben viele Gesetzgeber in Europa darüber nachgedacht, wie sie zur Verbesserung ihres nationalen Kreditsystems die Grundpfandrechte flexibler gestalten und insbesondere leichter übertragbar machen können. Im Widerstreit standen dabei immer wieder die gleichen Interessen:

- Kostengünstige Kredite sollten ermöglicht werden, die zur Risikominimierung ein funktionsfähiges Grundpfandrecht erforderten. – Damit waren das Hypotheken- und das Grundbuchrecht angesprochen.

- Der Dritterwerb der Kreditforderungen und Grundpfandrechte sollte zu Refinanzierungszwecken erleichtert werden. – Im Hypotheken- und Grundbuchrecht waren dadurch vorrangig Themen der Einwendungen/Einreden, der Übertragbarkeit und der Ausstellung einer Urkunde betroffen.

---

72 Dabei wird die Frage, ob die Vollstreckung des Grundpfandrechtes bei einer Verjährung der Forderung weiterhin möglich ist oder durch die Verjährung der Forderung gehemmt wird, hier nicht betrachtet.
73 Vgl. Art. 6 RisikobegrenzungsG vom 12.8.2008, BGBl. I 2008, 1666 ff., durch den § 1192 Abs. 1a in das BGB eingefügt wurde.

Erläuterung der Schaubilder 53

- Der Schutz des Eigentümers/Schuldners vor ungerechtfertigten Zwangsmaßnahmen sollte sichergestellt werden. – Damit war die Frage angesprochen, auf welche Weise im Zwangsvollstreckungsverfahren der Eigentümer seine berechtigten Einwendungen oder Einreden geltend machen und wie er sich gegen überrumpelnde Vollstreckung sichern kann.

Die volkswirtschaftliche Zielsetzung der einzelnen jeweiligen gesetzlichen Maßnahme hatte natürlich Folgen für die Festlegung der Prioritäten unter diesen oft durchaus gegenläufigen Interessen. Stand der Gesetzgeber unter dem Eindruck leidvoller Erfahrungen eines kaum zu befriedigenden großen Kapitalbedarfs, z.B. beim (Wieder-) Aufbau seines Landes nach einem Krieg oder in einer wettbewerbsintensiven Industrialisierungsphase, legte er den Schwerpunkt auf die Stärkung der Rechtsposition von Kapitalinvestoren, die bereit waren, ein Darlehen zu geben oder ein Grundpfandrecht von einem Darlehensgeber zu erwerben. Hält man sich vor Augen, welche Hürden in früheren Jahrhunderten der Geld- und Kapitalverkehr ohne durchorganisiertes und flächendeckendes Bankensystem, ohne eine Bankaufsichtsbehörde und ohne ein bargeldloses Zahlungsverkehrssystem zu überwinden hatte, wird verständlich, dass der über ein Grundpfandrecht ausgestellten Urkunde beim Aufbruch in Epochen großräumiger Geldwirtschaft überragende Bedeutung beigemessen wurde und, im Hinblick auf die Frage von Einwendungen und Einreden nach Veräußerung und Übertragung von Grundpfandrechten, das Beispiel des bereits früher entwickelten Wechsels große Attraktivität entfalten konnte.

Zudem ist bei der Thematik der Durchsetzungsakzessorietät immer auch die Problematik des grundbuch- bzw. registerrechtlichen Vertrauensschutzes zu beachten und in die Beurteilung einzubeziehen.[74]

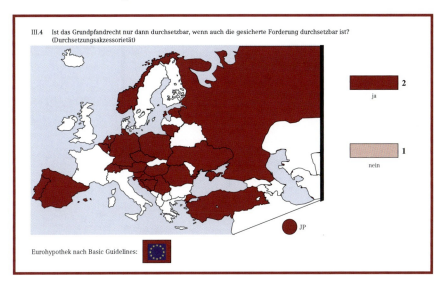

---

74 Vgl. hierzu oben unter C.II.16. ff.

5. Erlischt mit der gesicherten Forderung auch das Grundpfandrecht?

Die volle Erlöschensakzessorietät wird nur noch bei den streng bestandsakzessorischen Hypotheken durchgehalten, die in der Praxis immer weniger vorkommen und in manchen Ländern völlig verschwunden sind.

Manche Rechtsordnungen gehen durchaus so weit, die an sich „akzessorische" Höchstbetragshypothek aufrecht zu halten, wenn die gesicherte Forderung bzw. alle gesicherten Forderungen völlig erloschen sind. Damit wird die Höchstbetragshypothek im Hinblick auf die Erlöschensakzessorietät nicht-akzessorisch. Dies gilt z.B. für die niederländische Bankhypothek und die österreichische Höchstbetragshypothek, die zudem eine Vielfalt wechselnder Forderungen sichern können.

Von der Frage, ob das Grundpfandrecht mit der Forderung erlischt, zu unterscheiden ist die weitere Frage, ob der Gläubiger trotzdem noch die Möglichkeit hat, Zwangsmaßnahmen gegen den Schuldner zu ergreifen. Häufig wird aus der Erlöschensakzessorietät der Hypothek geschlossen, damit sei dem Gläubiger die Einleitung einer – dann allerdings unberechtigten – Zwangsvollstreckung unmöglich gemacht. Tatsächlich aber ist die Möglichkeit des Betreibens der Zwangsvollstreckung in eine Immobilie oft allein davon abhängig, ob das Grundpfandrecht noch im Grundbuch eingetragen ist.[75] Das Fehlen einer Befugnis zur Einleitung der Zwangsvollstreckung, weil eine Forderung nicht oder nicht mehr besteht, muss dann – unabhängig von der Regelung der Erlöschensakzessorietät – der Eigentümer mit gerichtlichen Maßnahmen geltend machen, für die er die Initiativlast trägt.

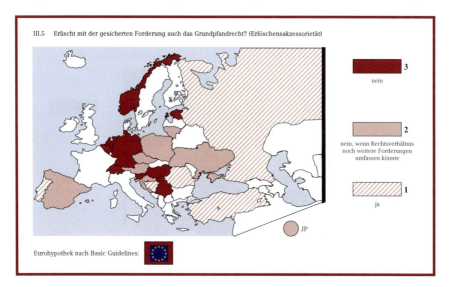

III.5 Erlischt mit der gesicherten Forderung auch das Grundpfandrecht? (Erlöschensakzessorietät)

---

75 Dies ist das Ergebnis der Regelungen zum öffentlichen Glauben des Grundbuches, vgl. C.II.16. ff.

6. Wird das Grundpfandrecht durch eine Sicherungsvereinbarung über den Sicherungsrahmen mit der/den gesicherten Forderung/en verbunden?

Eine Sicherungsvereinbarung, welche die Pflicht zur Bestellung eines Grundpfandrechtes als Sicherheit beinhaltet, liegt jedem Grundpfandrecht zugrunde, sei es akzessorisch oder nicht-akzessorisch, weil sonst das Grundpfandrecht rechtsgrundlos erlangt wäre.[76] Eine andere Frage ist, ob causa und Bestellungsvereinbarung zusammenfallen oder getrennt sind; dies beantworten die Rechtsordnungen entsprechend ihrem grundsätzlichen Ausgangspunkt verschieden (einheitlicher Vertrag für Verpflichtung und Verfügung oder Trennungsprinzip). Soweit ein nicht-akzessorisches Grundpfandrecht gegeben ist oder – wie oft – eine gelockerte Akzessorietät besteht, hat die Sicherungsvereinbarung aber auch die zusätzliche Funktion, die rechtliche Beziehung zwischen gesicherter Forderung und Grundpfandrecht festzulegen: Bestimmung einbezogener Forderungen, Beendigung des Sicherungsverhältnisses, Abwehrrechte des Eigentümers bei vertragswidriger Geltendmachung des Grundpfandrechts etc.

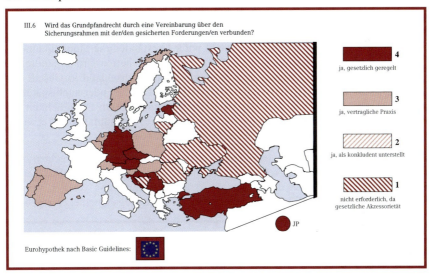

7. Wie können ungesicherte oder nachrangige Gläubiger die Position der freien Teile des erstrangigen Grundpfandrechts erwerben?

Immobilienfinanzierungen erfordern häufig das Zusammenwirken mehrerer Kreditinstitute, die jeweils eigene Grundpfandrechte mit unterschiedlichem Rang erhalten. Für nachrangige Grundpfandrechtsgläubiger stellt sich die Frage, ob und wie sie in die Rechtsposition eines vorrangigen Gläubigers eintreten können. In den

---

76 Hierzu und zum folgenden *Soergel/Stöcker*, EU-Osterweiterung und dogmatische Fragen des Immobiliarsachenrechts – Kausalität, Akzessorietät und Sicherungszweck, ZBB 2002, 412 ff.; ferner *Baur/Stürner*, Sachenrecht, 18. Aufl. 2009, § 5 Rn. 40 ff., § 36 Rn. 76a ff., § 45 Rn. 9 ff.

meisten Rechtsordnungen ist dies vertraglich möglich (z.B. durch Abtretung des Ranges) oder gesetzliche Rechtsfolge bei Tilgung der vorrangig gesicherten Forderungen im Wege der Aufrückung.

Auch ungesicherte Gläubiger haben in den meisten Rechtsordnungen die Möglichkeit, im Wege der Vollstreckung eine grundpfandrechtliche Sicherung am Grundstück zu erreichen. Hierfür bietet sich ein zwangsweise eingetragenes Grundpfandrecht an, das aber natürlich gegenüber den bereits eingetragenen Grundpfandrechten nachrangig ist. In vielen Ländern, die nur akzessorische Grundpfandrechte kennen, lässt sich diese Position aber mit der Zeit verbessern, wenn z.B. eine vorrangig abgesicherte Forderung zurückgezahlt wird, das vorrangige Grundpfandrecht sich dadurch in seinem Umfang vermindert und das zwangsweise eingetragene nachrangige Grundpfandrecht so auf diese Weise durch Aufrücken einen Aufwertungseffekt erzielt.

Andere Rechtsordnungen sehen allerdings ein solches Aufrücken nicht vor, sondern gewähren dem Eigentümer selbst ein Recht an den mit der Tilgung der Forderung frei werdenden Teilen eines vorrangigen Grundpfandrechtes. Dies wird auch als „System fester Ränge" bezeichnet. In diesen Ländern wird also die Position des nachrangigen Gläubigers nicht automatisch mit der Tilgung des vorrangigen Grundpfandrechtes verbessert. Dafür aber besteht unter Umständen die Möglichkeit, die Rechtsposition des Eigentümers an dem vorrangig gesicherten Grundpfandrecht, die sich mit der Tilgung zunehmend verwirklicht (in Deutschland in Gestalt des „Rückgewähranspruchs"), vertraglich im Voraus zu erwerben oder auch später zu pfänden. Damit hat dann der nachrangige Gläubiger eine effektive Möglichkeit der Vollstreckung, indem er ein bestehendes besserrangiges Grundpfandrecht erwirbt, ohne ein neues Grundpfandrecht bestellen und eintragen zu müssen.

Es fällt allerdings auf, dass Länder mit nicht-akzessorischen Grundpfandrechten zwar teilweise auf das Aufrücken verweisen, solches Aufrücken aber bei nicht-akzessorischen Grundpfandrechten durch stets denkbare Neuvalutierung vereitelt werden kann. Eine ähnliche Konfliktlage kann sich bei Höchstbetragshypotheken ergeben.

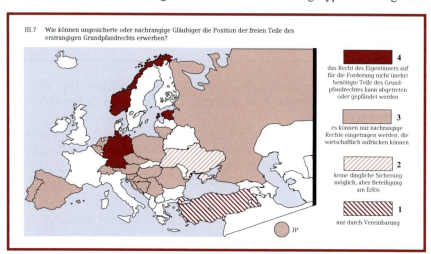

IV. Schutz des Eigentümers

Aspekte des Verbraucherschutzes stehen seit Jahren zunehmend im Zentrum des Interesses sowohl vieler nationaler Gesetzgeber, vor allem aber auch der EU-Kommission bei der Entwicklung neuer EU-weit geltender Mindestschutzbestimmungen. Im Bereich Immobilienrecht und Grundpfandrechte wird der Eigentümer der Immobilie als schutzbedürftig betrachtet. Dabei ist allerdings zu berücksichtigen, dass das Immobilienrecht in Europa in der Regel nicht nach der Person des Eigentümers differenziert. Ob er Verbraucher ist oder nicht, die Rechte eines Eigentümers gegen einen unberechtigten Vollstreckungszugriff durch einen Grundpfandrechtsgläubiger sind immer gleich.

Die engste Verbindung zwischen gesicherter Forderung und Grundpfandrecht weisen streng bestandsakzessorische Hypotheken auf, bei denen das Erlöschen der gesicherten Forderung kraft Gesetzes zum Untergang der Hypothek führt. Häufig wird die streng akzessorische Hypothek daher als verbraucherfreundlich bezeichnet, während die nicht-akzessorischen Grundpfandrechte als für den Verbraucher gefährlich kritisiert werden. Dies ist in dieser Verkürzung nicht richtig. Denn der Schutz des Verbrauchers (beim Grundpfandrecht: des Eigentümers der Immobilie) lässt sich nicht auf die materiell-rechtliche Frage fortbestehender forderungsloser Existenz des Grundpfandrechts beschränken, aus dem im Rahmen einer Vollstreckung vorgegangen werden könnte. Vielmehr spielen prozessuale Fragen der Beweislastverteilung ebenso eine Rolle wie die Möglichkeit sicherungsvertraglicher Einrede oder des materiell-rechtlichen gutgläubigen „Wegerwerbs" von Einwendungen oder Einreden wegen des Fehlens einer gesicherten Forderung. Je nachdem wie diese Fragen in einer Rechtsordnung geregelt sind, kann ein nicht-akzessorisches Grundpfandrecht für den Eigentümer durchaus weniger „gefährlich" sein als ein akzessorisches Grundpfandrecht.

Wie oben unter C.III.4. festgestellt werden konnte, gilt der Grundsatz der Durchsetzungsakzessorietät überall. Allerdings finden sich in vielen Ländern Regelungen, die dem Verkehrsinteresse dienen, also die Übertragung der Grundpfandrechte erleichtern. Diese ermöglichen einen einwendungs- oder einredefreien gutgläubigen Erwerb eines Grundpfandrechts oder überbürden zumindest die Beweislast in manchen Fällen dem Eigentümer. Damit befassen sich die folgenden Schaubilder sowie das Schaubild unter C.V.4.

1. Kann sich der Eigentümer auf das Fehlen einer fälligen und gesicherten Forderung berufen, wenn der Erwerber des Grundpfandrechtes gutgläubig ist?

Während oben unter C.II.18. die Frage des Vertrauens in die Richtigkeit des Grundbuches für den Fall gestellt ist, dass ein bestehendes Grundpfandrecht in Wirklichkeit einem anderen als dem eingetragenen Inhaber zusteht, wird nunmehr der Frage nachgegangen, ob sich die Schutzwirkung des Grundbuches auch auf den Fall erstreckt, dass die durch das Grundpfandrecht gesicherte Forderung fehlt.

In der Kreditpraxis mag der gutgläubige Erwerb von forderungslosen Grundpfandrechten kaum vorkommen. Aber für ein erwerbendes Kreditinstitut ist es beim Vorgang der Übertragung eines Grundpfandrechts von großer Bedeutung, welche Rechtstatsachen zu prüfen sind, um das Risiko des Erwerbs eines nicht durchsetzbaren Grundpfandrechts gering zu halten – und dies wiederum bestimmt sowohl den betriebswirtschaftlich relevanten Aufwand im Rahmen der Kreditprüfung als auch die Wahrscheinlichkeit des Risikos, ein Recht gar nicht erst erworben zu haben, was wiederum eine Größe im Risikomanagement und in der Margenkalkulation darstellt. Besonders intensiv müssen sich Kreditinstitute damit befassen, wenn sie im Rahmen der Umsetzung von Basel II den IRBA-Ansatz für Risikogewichtung und Eigenkapitalunterlegung wählen.[77]

Aus rechtspolitischer Sicht gilt der Thematik des Risikos einer doppelten Inanspruchnahme aus Darlehensforderung und Grundpfandrecht höchste Aufmerksamkeit. Zwar kommen derartige Fälle in der Praxis sehr selten vor. Die Diskussionen über die Eurohypothek haben jedoch gezeigt, dass die dogmatische Grundsatzfrage der Ausgestaltung des Grades der Akzessorietät einer Grundpfandrechtsart häufig hauptsächlich vor dem Hintergrund dieses Risikos diskutiert wird. Das Risiko einer doppelten Inanspruchnahme beruhte aber richtigerweise nicht auf der Nicht-Akzessorietät etwa der früheren deutschen Grundschuld, sondern auf der bisherigen Möglichkeit des gutgläubigen einwendungs- und einredefreien Erwerbs eines Grundpfandrechts generell, so dass dieses Risiko für die Verkehrshypothek und Grundschuld gleichermaßen galt.[78] Inzwischen hat der deutsche Gesetzgeber im Jahre 2008 den gutgläubigen forderungslosen Erwerb einer Grundschuld weithin ausgeschlossen, nicht aber den gutgläubigen forderungslosen Erwerb einer Verkehrshypothek.[79] Schlagender lässt sich nicht dartun, wie wenig die Gefahr einer Doppelinanspruchnahme von grundsätzlicher Akzessorietät oder Nicht-Akzessorietät abhängt.

Dies bedeutet im Übrigen aber nicht, dass das Risiko einer doppelten Inanspruchnahme dort nicht besteht, wo es keinen gutgläubigen Erwerb gibt. Denn insoweit spielen auch Fragen der Beweislastverteilung eine Rolle. In vielen Ländern mit akzessorischen Hypotheken ist es üblich, dass sich die Bank die Auszahlung des Darlehens im Hypothekenbestellungsvertrag (notariell) bestätigen lässt – und erst danach die Auszahlung vornimmt[80]. Hierdurch wird zum Teil ein ähnlicher Effekt erreicht wie bei Bestellung einer nicht-akzessorischen Grundschuld vor Auszahlung des Darlehens, was aus Sicht der finanzierenden Bank durchaus legitim und erforderlich sein kann. Vertreter der verbraucherschützenden Wirkung der strengen Akzessorietät einer Hypothek gehen auf diese weit verbreitete Praxis jedoch in aller Regel nicht ein.

Im Ergebnis zeigt sich für die untersuchten Rechtsordnungen, dass die meisten in diesem Konfliktfall eher den Eigentümer schützen, andere dagegen den Gläubiger des Grundpfandrechts.

---

77 Vgl. hierzu D.I.1.a.
78 Dazu *Baur/Stürner*, Sachenrecht, 18. Aufl. 2009, § 36 Rn. 76a ff. sowie § 45 Rn. 61 ff., 67a ff.; ferner *Kircher*, Grundpfandrechte in Europa, 2004, S. 295 f. und S. 391.
79 Ausführlich zum neuen Recht *Baur/Stürner*, Sachenrecht, 18. Aufl. 2009, § 45 Rn. 67a ff.
80 Vgl. hierzu C.V.4.

Erläuterung der Schaubilder

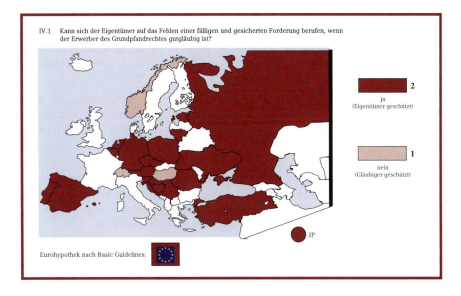

IV.1 Kann sich der Eigentümer auf das Fehlen einer fälligen und gesicherten Forderung berufen, wenn der Erwerber des Grundpfandrechtes gutgläubig ist?

2. Kann der Eigentümer den Betrag des Grundpfandrechtes im Grundbuch reduzieren lassen, wenn feststeht, dass der Sicherungsrahmen nur noch zu einem bestimmten Teil ausgenutzt werden wird?

Manche Rechtsordnungen geben die Möglichkeit, dass der Kapitalbetrag des Grundpfandrechts entsprechend der Rückzahlung im Grundbuch oder auf der Urkunde reduziert wird und der Gläubiger hierbei zur Mitwirkung verpflichtet ist. Damit wird der Eigentümer vor einem evtl. unberechtigten Zugriff seitens eines Grundpfandrechtsinhabers geschützt, was vor allem dort von Bedeutung sein kann, wo forderungsloser gutgläubiger Erwerb eines Grundpfandrechts möglich ist. In der

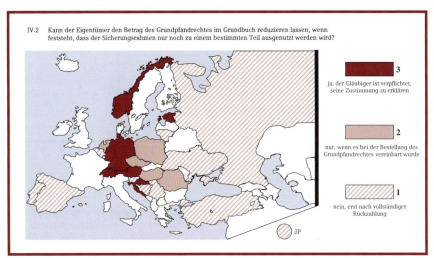

IV.2 Kann der Eigentümer den Betrag des Grundpfandrechtes im Grundbuch reduzieren lassen, wenn feststeht, dass der Sicherungsrahmen nur noch zu einem bestimmten Teil ausgenutzt werden wird?

Praxis sollte der Eigentümer aber bei seiner Entscheidung, ob er von diesem Recht Gebrauch machen will, das eher theoretische Risiko des gutgläubigen Erwerbs abwägen gegen den Verlust der Flexibilität seines Kreditsicherungsrechts; später können dann höhere Kosten entstehen, wenn der Gläubiger z.B. eine Aufstockung seines Kredites wünscht.

Überraschend ist es, dass mehrere Rechtsordnungen eine Reduzierung erst dann erlauben, wenn die gesicherte Forderung vollständig zurückgezahlt worden ist. Denn in diesem Fall könnte das Grundpfandrecht auch vollständig gelöscht werden. In diesen Ländern ist eine Reduzierung gegen den Willen des Gläubigers also nicht möglich, solange eine Restschuld besteht.

3. Gibt es Regelungen oder Rechtsprechung, die den Eigentümer einer Immobilie, der ein Grundpfandrecht zur Sicherung einer Forderung gegen eine andere Person bestellt, besonders schützen? (Schutz eines Drittbestellers)

Ein weiterer ebenso wichtiger und im Zusammenhang mit Verbraucherschutzfragen häufig diskutierter Problembereich ist die Bestellung eines Grundpfandrechts durch einen vom Darlehensnehmer verschiedenen (dritten) Immobilieneigentümer.[81] In diesen Fällen der Drittbestellung kann es Schutzvorschriften insbesondere dann geben, wenn der Dritte zusätzlich zur Haftung aus dem Grundpfandrecht auch noch eine persönliche Haftung formularmäßig übernehmen soll oder wenn das Grundpfandrecht eine Vielzahl von Forderungen gegen den Schuldner sichern soll.

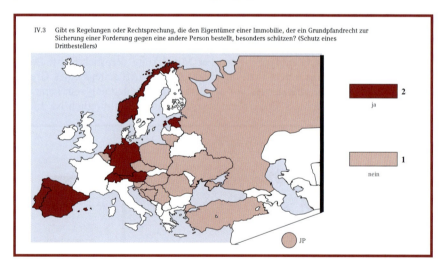

IV.3 Gibt es Regelungen oder Rechtsprechung, die den Eigentümer einer Immobilie, der ein Grundpfandrecht zur Sicherung einer Forderung gegen eine andere Person bestellt, besonders schützen? (Schutz eines Drittbestellers)

---

81 Hiermit befasst sich – im Zusammenhang mit seinen Überlegungen für eine Eurohypothek – besonders eingehend *Kiesgen*, der für die von ihm untersuchten Rechtsordnungen über die Grundpfandrechte hinaus die Grundlinien der Rechtsprechung aufarbeitet, die überall für solche Drittfälle zu Einschränkungen kommen. Vgl. hierzu insbesondere seine rechtsvergleichende Analyse, (Fn. 1) S. 157 ff.

V. Vollstreckung

So wichtig alle dogmatischen Fragen der Entstehung, Übertragung und des Erlöschens von Grundpfandrechten auch sein mögen, in das Zentrum der Betrachtung ist der Fragenkomplex der Vollstreckung zu stellen. Denn im Vollstreckungsfall muss sich zeigen, ob das Grundpfandrecht hält, was es verspricht, nämlich ein Kreditsicherungsrecht zu sein, das dem Gläubiger hilft, wenn sein Schuldner die gesicherte Forderung nicht mehr bedienen kann oder will. Umgekehrt bedarf der Schuldner bzw. Eigentümer des Schutzes vor ungerechtfertigter Vollstreckung, falls eine gesicherte Forderung nicht oder nicht mehr existiert.

Im Folgenden werden daher Fragen des Vollstreckungsrechts untersucht, die sich auf Grundpfandrechte beziehen und die folgenden Themen betreffen:

- Vollstreckungstitel
- Vollstreckungsklausel
- Rechte des Eigentümers – Initiativlast gegen die Vollstreckung
- Rechte des Eigentümers – Beweislast
- Rechte nachrangiger Gläubiger
- Verwertung von Grundpfandrechten
- Zugriff auf die Erträge von Grundstücken
- Ausschluss des Eigentümers vom Grundstück
- Wirkung des Zuschlages in der Zwangsversteigerung
  - Aufhebung von Rechten
  - Verwertung auf Antrag nachrangiger Gläubiger
  - nicht befriedigte Forderungen
  - Liegenbelassung
- Einstellung der Zwangsvollstreckung
  - Einstellung auf Antrag des Eigentümers
  - Dauer der Einstellung
- Verfahren – Bewertung
- Verschleuderungsschutz
- Alternative Verwertungsmöglichkeiten
  - *lex commissoria*
  - Wertausgleich
  - Erwerb durch den Gläubiger
- Verteilung des Verwertungserlöses
- Bauhandwerkerhypotheken
- Zinsen und Kosten
- Dauer des Verfahrens

1. Wie erhält man einen Titel für die Vollstreckung aus dem Grundpfandrecht?

Nahezu alle hier erfassten Rechtsordnungen verlangen die Existenz eines Vollstreckungstitels, damit ein Vollstreckungsverfahren begonnen werden kann. Grundsätzlich erforderlich ist eigentlich ein Urteil nach einem streitigen Prozess, in dem die Zahlung einer Geldsumme aus dem Grundstück bzw. die Duldung der Zwangsvollstreckung angeordnet wird. Bei Grundpfandrechten ist es aus Effizienzgründen jedoch sinnvoll, einen Prozess über die Zahlungspflicht zu vermeiden, wenn diese Pflicht dem Grunde nach eindeutig und der Höhe nach bestimmbar ist. Damit wird einerseits eine Verzögerung des Vollstreckungsverfahrens vermieden, die den wirtschaftlichen Wert der Grundpfandrechte schmälern würde; andererseits werden die Gerichte von Verfahren mit voraussehbarem Ausgang entlastet. Daher verzichten manche Länder bei Grundpfandrechten mit klar bestimmbaren Beträgen ganz auf den gerichtlich ausgeurteilten Vollstreckungstitel, lassen die notarielle Urkunde über die Bestellung des Grundpfandrechts als Titel ausreichen oder sehen besonders vereinfachte und schnelle Gerichtsverfahren vor.

Zwar besteht eine große Vielfalt unterschiedlicher Verfahren[82], wie sich ein Gläubiger einen solch „raschen" Titel verschaffen kann, ohne einen vorausgehenden Prozess führen zu müssen. Im Ergebnis ist jedoch festzustellen, dass mit Ausnahme Russlands alle Länder die Möglichkeit bieten, sich einen Titel schon mit der Bestellung des Grundpfandrechts oder später in einem einfachen Verfahren zu verschaffen.

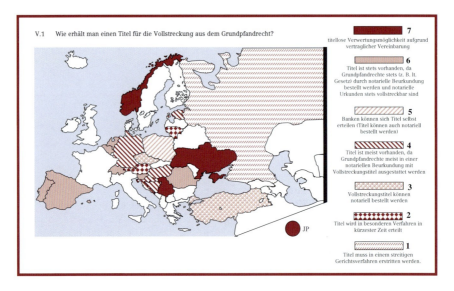

---

82 Manche Länder bieten mehrere Verwertungsverfahren, wie z.B. das tschechische Recht.

2. Braucht man zur Vollstreckung eine Erklärung der Vollstreckbarkeit des Titels (Vollstreckungsklausel) und wie erhält man sie?

Auch die förmlichen Voraussetzungen einer Vollstreckbarkeit, oft in Gestalt der sog. Vollstreckungsklausel, die nach französischem Vorbild viele Rechtsordnungen kennen, lassen sich leicht und rasch erfüllen; dies gilt auch dort, wo hierfür ein besonderes gerichtliches Verfahren erforderlich ist.

Grundsätzlich wird die vollstreckbare Ausfertigung eines Titels nur einmal ausgestellt, Ausfertigungen der Hypothekenurkunden sind dagegen mehrfach möglich. Denn der Sinn einer vollstreckbaren Ausfertigung besteht gerade darin sicherzustellen, dass wegen desselben Vollstreckungstitels nur ein Vollstreckungsverfahren durchgeführt wird. Dies dient dem Schutz des Eigentümers vor mehrfachen, parallel laufenden Verfahren sowie der Rechtssicherheit.

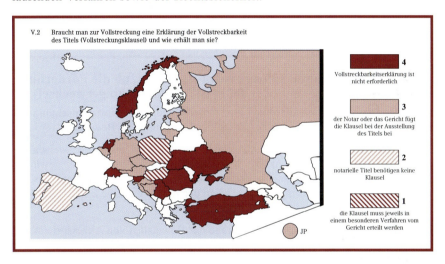

3. Wie kann der Eigentümer seine Rechte gegen die Vollstreckung geltend machen (z. B. weil die Forderung nicht existiert oder zurückgezahlt wurde)? (materielle oder formelle Einwendungen)

Für jedes faire Vollstreckungsverfahren gilt der elementare Grundsatz, dass der Schuldner, bzw. Eigentümer die Möglichkeit hat, sich gegen die Vollstreckung zu wehren, wenn er der Ansicht ist, die Vollstreckung sei entweder überhaupt nicht oder zumindest nicht in dieser Höhe gerechtfertigt. Dieses Recht gestehen ihm alle hier untersuchten Rechtsordnungen zu. Allerdings erlegen sie ihm auch eine entsprechende Prozessführungslast auf. Dies bedeutet, dass er sich aktiv wehren muss, wenn er seine Rechte verletzt sieht. Ihn trifft also eine Initiativlast – wie es im Zivilprozess generell die Grundregel ist, dass derjenige aktiv werden muss, der ein Recht oder ein Abwehrrecht gelten machen will.

Ob der Eigentümer sich im laufenden Vollstreckungsverfahren wehren kann oder ob er hierzu ein gesondertes Verfahren anstrengen muss, ist unterschiedlich geregelt, allerdings meist von eher formaler Bedeutung.

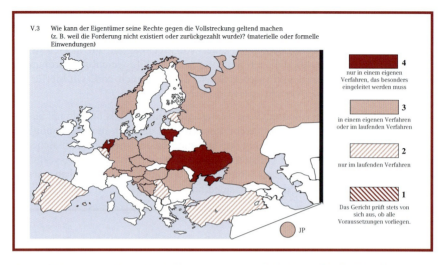

4. Wer muss Beweis führen, wenn strittig ist, ob die Forderung entstanden ist und/oder fällig ist? (kein Gläubigerwechsel)

Besonders deutlich wird allerdings eine unterschiedliche Prioritätensetzung der einzelnen Rechtsordnungen bei der Frage der Verteilung der Beweislast.

Diejenigen Länder, die dem Gläubigerinteresse den Vorrang geben, weisen die Beweislast dem Eigentümer zu. Wo der Schutz des Eigentümers höher gewichtet ist als der Schutz des Gläubigers des Grundpfandrechts, ist bestimmt, dass der Gläubiger den Beweis erbringen muss, wenn der Eigentümer die Entstehung oder/ und die Fälligkeit der gesicherten Forderung bestreitet.

Besonders eindrucksvoll ist, dass die Frage der Beweislast von Akzessorietät und Nicht-Akzessorietät des Grundpfandrechts nur eingeschränkt beeinflusst wird. Zwar ist es im Ausgangspunkt richtig, dass beim akzessorischen Grundpfandrecht der Gläubiger die Beweislast für Entstehen und Fälligkeit der Forderung trägt, während beim nicht-akzessorischen Grundpfandrecht der Eigentümer den vertragswidrigen Gebrauch des Sicherungsrechts zu beweisen hat, also Nichtexistenz und fehlende Fälligkeit der Forderung. Die kautelarjuristische Gestaltung lässt von diesem Grundansatz aber oft nicht mehr viel übrig.

In manchen Ländern mit akzessorischen Grundpfandrechten lässt sich – wie schon erwähnt (unter C.IV.1.) – der Gläubiger vor Auszahlung eine formularmäßige notarielle Auszahlungsbestätigung geben, welche im Streitfall die Beweislast weithin dem Eigentümer überbürdet. Demgegenüber wird auch in Ländern mit nicht-akzessorischen Grundpfandrechten der Gläubiger nicht stets einseitig geschützt. Ein Beispiel hierfür bietet das deutsche Recht. Für eine Sicherungsgrundschuld kann ein enger oder ein weiter Sicherungszweck vereinbart werden. Wird ein enger Sicherungszweck vereinbart, dann darf die Grundschuld nur zur Sicherung einer bestimmten Forderung verwendet werden. Beim – in der Praxis weit verbreiteten – weiten Sicherungszweck kann eine Vielzahl auch künftiger Forderungen gesichert werden, wie es auch bei vielen Höchstbetragshypotheken in Europa möglich ist. Die Beweislast für die Existenz weiterer Forderungen als der ursprünglich gesicherten Forderung trifft beim weiten Sicherungszweck nach der deutschen Rechtsprechung jedoch den Gläubiger.[83]

Zu beachten ist, dass in manchen Ländern die Antwort unterschiedlich ausfallen kann, je nachdem, welche Art des Grundpfandrechtes gewählt wurde oder wie die genaue vertragliche Gestaltung aussieht. Die hier gegebenen Antworten gelten jeweils für die flexibelste Variante.[84]

Trotz gleicher Beweislast können andere Beweisregeln des Prozessrechts einzelner Länder die tatsächlichen Ergebnisse beeinflussen. So sieht das norwegische Recht die Beweislast zwar beim Eigentümer, lässt es im Prozess aber bereits ausreichen, dass die vorgebrachten Tatsachen eine höhere Wahrscheinlichkeit haben als der Vortrag der Gegenseite. Das deutsche Recht kennt demgegenüber ein Beweismaß, nach dem der beweisbelastete Teil eine sehr hohe Wahrscheinlichkeit dartun muss, damit ein Beweis als erbracht gilt. Das englische Recht beispielsweise erleichtert der beweisbelasteten Partei die Beweisführung durch die sehr weitreichende Verpflichtung einer Prozesspartei, dem Prozessgegner zu Prozessbeginn relevante Unterlagen zur Verfügung zu stellen (disclosure).

Nähere Betrachtung verdienen auch in diesem Zusammenhang die schon erwähnten Formen kautelarjuristischer Gestaltung, in denen akzessorische Hypotheken für abstrakte Forderungen bestellt werden, also z.B. für abstrakte Schuldversprechen, Schuldverschreibungen oder Wechsel.[85]

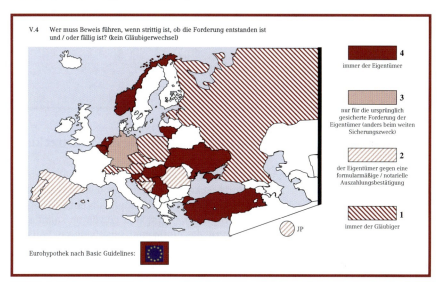

---

83 Dazu *Baur/Stürner*, Sachenrecht, 18. Aufl. 2009, § 45 Rn. 12.
84 Vgl. hierzu C.I.4.
85 Vgl. hierzu C.III.1.

5. Muss der Gläubiger auch dann, wenn der Eigentümer die Beweislast hat, durch Tatsachenvortrag und/oder die Vorlage von Urkunden mitwirken?

Auch wenn viele Länder dem Eigentümer die Beweislast auferlegen, so wird diese Belastung doch nicht selten in ihrem Gewicht relativiert. Ein gewisser Schutz des Eigentümers verwirklicht sich nämlich auch dort, wo ihn die Beweislast trifft. Denn praktisch immer muss der Gläubiger durch die Vorlage von Urkunden dabei mitwirken, die Sach- und Rechtslage festzustellen. Auf diese Weise stehen in der Regel dem Eigentümer für seine Beweisführung auch die Unterlagen der Bank zur Verfügung, die weitgehenden gesetzlichen Aufbewahrungspflichten unterliegen. Dies ist insbesondere dann von Bedeutung, wenn Streit darüber besteht, ob die Forderung erfüllt worden ist.

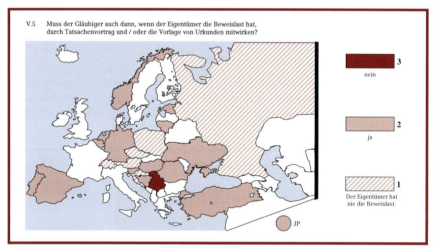

6. Können nachrangige Gläubiger selbständig die Vollstreckung einleiten?

Eine für den Wert eines Grundpfandrechts sehr bedeutsame Frage ist, ob auch ein nachrangiger Gläubiger die Zwangsvollstreckung selbständig einleiten kann, also ohne Mitwirkung oder Zustimmung des vorrangigen Grundpfandrechtsgläubigers. Alle hier dargestellten Rechtsordnungen erlauben dies und gewähren somit auch nachrangigen Grundpfandrechtsgläubigern das volle und unabhängige Vollstreckungsinitiativrecht.

Erläuterung der Schaubilder

V.6 Können nachrangige Gläubiger selbständig die Vollstreckung einleiten?

7. **Können Gläubiger, die nachrangig gesichert sind, im Vollstreckungsverfahren durch Zahlung an einen vorrangigen Gläubiger dessen Position auch ohne dessen Zustimmung und ohne Zustimmung des Eigentümers erhalten?**

Viele Rechtsordnungen geben nachrangigen Gläubigern das Recht, im Vollstreckungsverfahren den oder die vorrangigen Gläubiger zu befriedigen und sich dadurch die Rangposition als vorrangiger Gläubiger zu verschaffen. Dies ist vor allem dann sinnvoll, wenn der vorrangige Gläubiger nur noch eine relativ geringe Forderung hat, aber dennoch das Verfahren maßgeblich mitbestimmen kann. Eine solche Möglichkeit gibt nachrangigen Grundpfandrechten eine höhere Schutzwirkung.

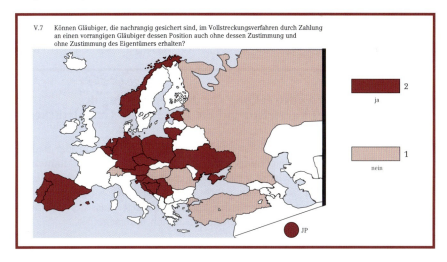

V.7 Können Gläubiger, die nachrangig gesichert sind, im Vollstreckungsverfahren durch Zahlung an einen vorrangigen Gläubiger dessen Position auch ohne dessen Zustimmung und ohne Zustimmung des Eigentümers erhalten?

8. Welche Wege zur Verwertung im Rahmen des gesetzlichen Vollstreckungsverfahrens sind vorgesehen?

Die öffentliche Versteigerung durch ein öffentlich bestelltes Organ ist der gesetzlich vorgegebene Weg einer Verwertung im westlichen Kontinentaleuropa. In Osteuropa findet sich dagegen hauptsächlich die Verwertung durch privaten Verkauf, auch in einer öffentlichen Versteigerung.[86]

Für die Versteigerung durch öffentlich bestellt Organe spricht einerseits die Transparenz eines genau geregelten Verfahrens, dessen Ordnung die Interessen des betreibenden Grundpfandrechtsgläubigers, des Schuldners/Eigentümers und der nachrangigen Gläubiger berücksichtigen und ausgleichen kann. Andererseits kann ein freier Verkauf flexibler gehandhabt werden und dabei einen höheren Kaufpreis erzielen, was dann auch den Parteien zu Gute kommt. Der Verkauf in einer privat durchgeführten öffentlichen Versteigerung versucht einen Kompromiss zu finden und zum einen die Schwerfälligkeit eines von öffentlichen Organen durchgeführten Verfahrens zu vermeiden, zum anderen aber doch eine gewisse Überprüfbarkeit zu gewährleisten.

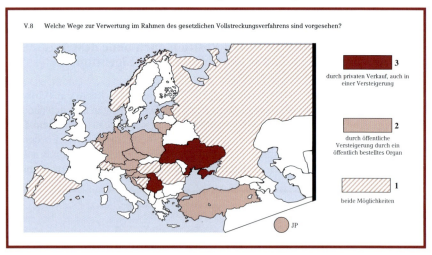

V.8 Welche Wege zur Verwertung im Rahmen des gesetzlichen Vollstreckungsverfahrens sind vorgesehen?

3 durch privaten Verkauf, auch in einer Versteigerung
2 durch öffentliche Versteigerung durch ein öffentlich bestelltes Organ
1 beide Möglichkeiten

9. Kann bei der Vollstreckung vor der Verwertung des Grundstückes kurzfristig auf die Erträge des Grundstückes zugegriffen werden?

Besonders bei länger laufenden Vollstreckungsverfahren ist es von großer Bedeutung, ob ein Grundpfandrechtsgläubiger auf die (Miet-) Erträge einer Immobilie zugreifen kann. Diese Möglichkeit geben alle hier dargestellten Länder, sei es in Gestalt einer besonderen Vollstreckungsform, sei es dass der Anspruch auf die Erträge abgetreten oder verpfändet werden kann. Allerdings muss der Gläubiger beachten, dass der Weg des Zugriffs sich grundsätzlich unterscheidet.

Viele Länder sehen im Zwangsvollstreckungsrecht eine eigene Verfahrensart vor, die nicht wie die Zwangsversteigerung oder der Zwangsverkauf auf die endgültige

---

86 Siehe auch C.V.19. zur *lex commissoria*.

Verwertung des Grundstücks durch Übertragung auf einen Erwerber zielt, sondern dem Grundpfandrechtsgläubiger Zugriff auf die Erträge der Immobilie gewährt. In den meisten Fällen wird dazu die Verwaltung der Immobilie einem Verwalter übertragen, der die Überschüsse an die Gläubiger auskehrt. Diese Verfahrensart steht jedem Inhaber eines Grundpfandrechtes zur Verfügung; eine zusätzliche Vereinbarung neben dem Grundpfandrecht ist nicht erforderlich.

Regelmäßig schließen sich diese Vollstreckungsform der Zwangsverwaltung und die Vollstreckungsform der Zwangsversteigerung oder des Zwangsverkaufes nicht aus. Der Grundpfandrechtsgläubiger kann also einerseits den Eigentümer vom Zugriff auf die Immobilie ausschließen und die Erträge an sich ziehen und andererseits gleichzeitig die endgültige Verwertung des Grundstückes betreiben. Dies wird meist der Fall sein, wenn die Forderung nicht gering ist und sich der Gläubiger nicht auf ein sehr langfristiges Verwertungsverfahren einlassen will.

In manchen Ländern kann der direkte Zugriff auf die Erträge des Grundstückes dadurch gesichert werden, dass entsprechende Vereinbarungen getroffen werden. So kann z.B. im englischen Recht ein Pfandrecht an allen Vermögenswerten der die Immobilie haltenden Gesellschaft vereinbart werden (floating charge). Es ermöglicht dann in der Insolvenz ein besonderes getrenntes Verfahren über die Immobilie, bei dem die Erträge dem Gläubiger zu Gute kommen. Auf diese Weise kann zwar auf die Erträge des Grundstückes zugegriffen werden, dies erfolgt aber auf der Basis einer Sicherheit, die nicht unbedingt im Grundbuch registriert wird, sondern z.B. wie die englische floating charge im Handelsregister.

Außerhalb des Grundbuchs erfolgen auch vertragliche Vereinbarungen, mit denen die Erträge der Immobilie abgetreten oder verpfändet werden. Diese Option dürfte in allen Ländern bestehen und häufig genutzt werden, auch wenn das Recht die anderen bereits geschilderten Zugriffsformen bereithält. In manchen Ländern ist eine solche vertragliche Vereinbarung auch der einzige Weg, den Zugriff auf Erträge zu sichern. Hier kommen die Erträge bis zur endgültigen Verwertung der Immobilie durch Übertragung auf einen Dritten zunächst einmal dem zugute, der die Möglichkeit gesonderten

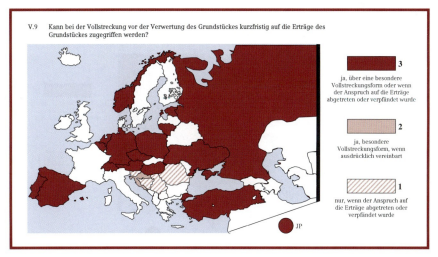

sichernden Zugriffs genutzt hat, wobei viele Rechtsordnungen allerdings dem Zugriff nachrangiger oder ungesicherter Gläubiger zeitliche Grenzen setzen.

Zu beachten ist schließlich, dass auch außerhalb der Immobiliarvollstreckung aus einem Grundpfandrecht mit jedem Vollstreckungstitel grundsätzlich eine Pfändung direkt in einzelne Vermögensgegenstände (z.B. Mieten etc.) erfolgen kann, soweit die Immobiliarvollstreckung diese Gegenstände nicht erfasst.

10. Kann dem Eigentümer die tatsächliche Herrschaft über das Grundstück vor der Verwertung vollständig entzogen werden?

Zuweilen ist es sinnvoll, dem Eigentümer die Herrschaft über die Immobilie wegzunehmen, z.B. wenn die Befürchtung besteht, dass er sie schlecht verwaltet oder sogar beschädigt. Die entsprechenden Eingriffsmöglichkeiten des Grundpfandrechtsgläubigers sind freilich recht unterschiedlich geregelt.

In vielen Ländern kann die soeben unter 9. beschriebene Vollstreckungsform der Zwangsverwaltung auch genutzt werden, um dem Eigentümer den Zugriff auf die Immobilie zu entziehen, wenn dies für die Erhaltung oder Steigerung ihres wirtschaftlichen Wertes oder der Erträge wichtig sein kann. Obwohl der Zugriff auf Erträge vor allem bei vermieteten und gewerblich genutzten Immobilien wichtig ist, kann der zusätzliche Effekt eines Ausschlusses des Eigentümers von der Verwaltung dazu führen, dass die besondere Vollstreckungsform der Zwangsverwaltung bisweilen auch bei selbst genutzten Immobilien verwendet wird; allerdings wird sie es meist nicht erlauben, den Eigentümer zum Auszug aus seinem Heim zu zwingen.

In Großbritannien besteht, wie schon unter 9. erwähnt die Option eines besonderen Verwaltungsverfahrens über die Immobilie im Interesse desjenigen Gläubigers, zu dessen Gunsten ein Gesamtpfandrecht (floating charge) an allen Werten der die Immobilie haltenden Gesellschaft bestellt ist. Es muss jedoch besonders vereinbart und die Finanzierung entsprechend strukturiert werden.

In den meisten Ländern besteht nur die Möglichkeit, bei einem die Immobilie gefährdenden Verhalten des Eigentümers im Einzelfall gerichtliche Anordnungen zu erwirken.

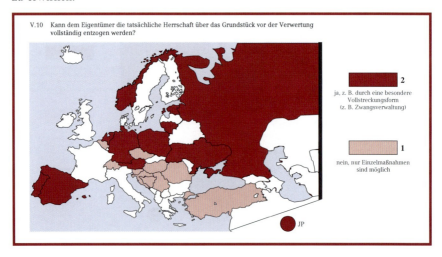

11. Welche Wirkung hat die Entscheidung über den Übergang des Grundstückes in einer Zwangsversteigerung für Rechte am Grundstück?

Fundamentale Bedeutung kommt der Wirkung des Zuschlages in der Zwangsversteigerung zu. Vor allem wenn mehrere Grundpfandrechte das Grundstück belasten, stellt sich die Frage, ob gleich- oder nachrangige Grundpfandrechte erhalten bleiben oder im Rahmen einer Versteigerung erlöschen. Manche Länder lassen nur vorrangige Grundpfandrechte bestehen, andere befreien die Immobilie vollständig von allen Belastungen.

Nach einer gesetzlichen Konzeption werden in der Zwangsversteigerung relative Rechte der Beteiligten wahrgenommen, so dass vorrangige Gläubiger, die sich dem Verfahren nicht anschließen, nicht betroffen sein sollen. Viele Länder folgen aber dem aus Frankreich stammenden Konzept einer vollständigen Reinigung der Immobilie von Belastungen („purge"). Mit ihr soll eine Möglichkeit geschaffen sein, die in der Sicht des 19. Jahrhunderts schädliche dauerhafte Belastung von Grundstücken zu beenden und Grundstücke vollständig unbelastet wieder voll verkehrsfähig und wirtschaftlich verwertbar zu machen. Tatsächlich mag die Versteigerung einer unbelasteten Immobilie häufig effizienter möglich sein und insgesamt – auch bei Berücksichtigung der Belastung – höhere Erlöse erbringen als die Verwertung eines mit einem vielleicht schwer einschätzbaren vorrangigen Recht belasteten Grundstücks. Allerdings wird der Inhaber eines Rechtes in die Verwertung hineingezogen, der für eine Verwertung gegenwärtig möglicherweise keinen Anlass sieht und zu dem Zeitpunkt, als sein Recht begründet wurde, nicht von den nachrangigen Rechten wissen konnte, die nun eine Verwertung herbeizwingen.

Aus vielerlei Gründen müssen die meisten Rechtsordnungen, die auch das Erlöschen vorrangiger Belastungen vorsehen, in bestimmten Fällen Ausnahmen machen. So müssen Durchleitungsrechte für Strom- und Wasserleitungen im Interesse der öffentlichen Infrastruktur gesichert bleiben. In manchen Ländern geht man weiter und nimmt alle Realservituten von der Aufhebung grundsätzlich aus.

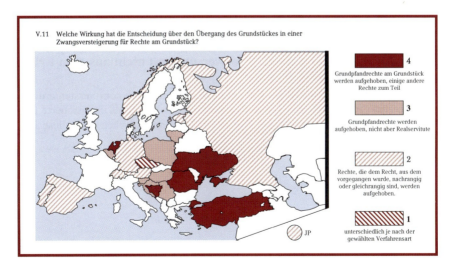

12. Kann der nachrangige Gläubiger, der das Vollstreckungsverfahren betreibt, die Löschung vorrangiger Rechte sogar dann herbeiführen, wenn das Gebot für die vorrangigen Rechte unzureichend ist?

Diese für erstrangige Grundpfandrechte brisante Frage stellt sich im Zusammenhang mit dem Initiativrecht nachrangiger Gläubiger, das oben unter C.V.6. dargestellt wurde. Die meisten Länder erlauben eine solche Gefährdung vorrangiger Rechte nicht.

Wo nachrangige Gläubiger ein Verfahren ohne Rücksicht auf ein ausreichendes Gebot für vorrangige Gläubiger fortbetreiben dürfen, können nachrangige Gläubiger ein Vollstreckungsverfahren starten und vorrangige Grundpfandrechte zu Fall bringen, ohne dass diese voll entschädigt werden. Allerdings wird dann der Vollstreckungserlös für die nachrangigen Gläubiger erst recht nicht ausreichen, sodass für ein solches Verhalten ein geringer Anreiz besteht.

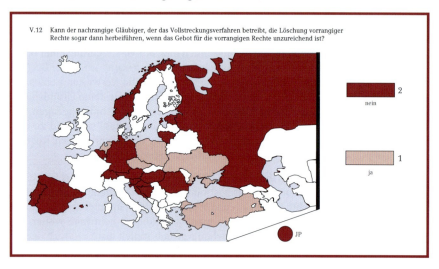

V.12 Kann der nachrangige Gläubiger, der das Vollstreckungsverfahren betreibt, die Löschung vorrangiger Rechte sogar dann herbeiführen, wenn das Gebot für die vorrangigen Rechte unzureichend ist?

13. Was geschieht bei der Entscheidung über den Übergang des Eigentums in der Zwangsverwertung mit nicht aus dem Erlös befriedigten Forderungen?

Nahezu in allen Ländern bleiben Forderungen, die nicht aus dem Versteigerungserlös befriedigt werden können, bestehen und können weiter als ungesicherte Forderungen geltend gemacht werden. Nur in der Ukraine erlöschen auch diese Forderungen.

Erläuterung der Schaubilder

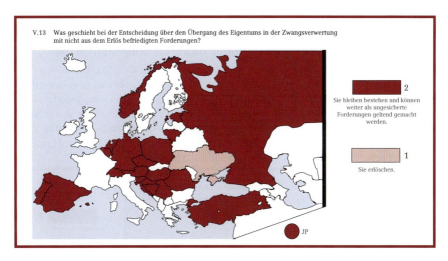

V.13 Was geschieht bei der Entscheidung über den Übergang des Eigentums in der Zwangsverwertung mit nicht aus dem Erlös befriedigten Forderungen?

2 — Sie bleiben bestehen und können weiter als ungesicherte Forderungen geltend gemacht werden.

1 — Sie erlöschen.

14. Kann man erreichen, dass ein Grundpfandrecht des betreibenden Gläubigers bestehen bleibt und für die Finanzierung des Erwerbers genutzt wird?

Es kann vorteilhaft sein, das Grundpfandrecht des betreibenden Gläubigers nicht zu löschen, sondern für die Finanzierung des Ersteigerers zu nutzen. Dadurch kann der Erwerb, der im Rahmen eines Zwangsvollstreckungsverfahrens erfolgt, durch eine Bank finanziert werden, ohne dass ein Grundpfandrecht neu bestellt werden muss. Dies kann nicht nur Kosten und Aufwand sparen. Oft stünde ein Grundpfandrecht sofort im Zeitpunkt des Erwerbes gar nicht zur Verfügung, das die Finanzierung des Erwerbes ermöglichen könnte. Vorher nämlich unterliegt die Immobilie der Beschlagnahme des Vollstreckungsverfahrens, so dass der Erwerber ein Grundpfandrecht noch nicht eintragen lassen kann, das er aber für die Finanzierung seines Erwerbes u.U. sofort benötigt. Diese sog. Liegenbelassung ist in manchen Ländern vorgesehen oder möglich, in anderen dagegen nicht.

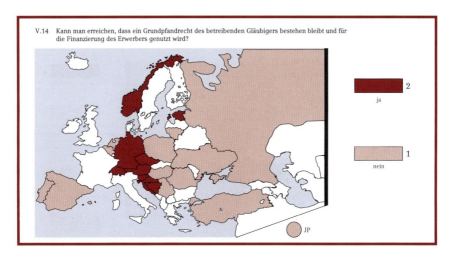

V.14 Kann man erreichen, dass ein Grundpfandrecht des betreibenden Gläubigers bestehen bleibt und für die Finanzierung des Erwerbers genutzt wird?

2 — ja

1 — nein

15. Unter welchen Umständen kann der Eigentümer erreichen, dass ein formell und materiell rechtmäßiges Vollstreckungsverfahren vorübergehend oder dauernd eingestellt wird?

Um die Zeitdauer eines Vollstreckungsverfahrens und den damit verbundenen Aufwand abschätzen zu können, ist die Frage von Bedeutung, ob und gegebenenfalls wie lange der Eigentümer das Verfahren einstellen lassen kann. Die meisten Länder erlauben dies grundsätzlich überhaupt nicht, nur mit Zustimmung des Gläubigers oder nur in extremen Ausnahmefällen. Solche Ausnahmefälle können etwa gegeben sein, wenn der Eigentümer glaubhaft machen kann, dass Leben und Gesundheit bei Fortsetzung der Vollstreckung bedroht wären.

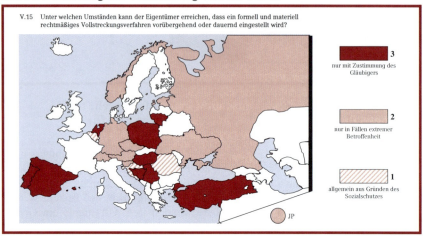

16. Wenn das Verfahren auf Antrag des Eigentümers ohne Zustimmung des Gläubigers eingestellt wird, geschieht dies dauernd oder vorübergehend?

Soweit eine Einstellung des Verfahrens möglich ist, geschieht dies nur befristet. Allerdings bleibt zu beachten, dass bei Verschleuderungsgefahr besondere Regeln gelten können, wie sich dies aus den nachfolgenden Schaubildern ergibt.

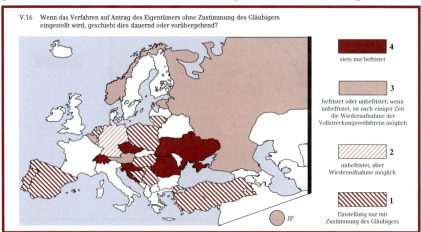

17. Wird im Vollstreckungsverfahren eine Bewertung des Objektes durchgeführt?

Viele Länder sehen vor, dass im Vollstreckungsverfahren der Wert des Objektes von einem Sachverständigen festgestellt werden muss. Dies soll meist dem Schutz des Eigentümers dienen. Denn der festgestellte Wert kann dann als Maßstab für die Beurteilung der Frage dienen, ob der erzielte Preis das gesetzlich vorgeschriebene Mindestmaß erreicht. In zweiter Linie wird damit aber auch ein Schutz der Erwerber erreicht, die durch den so festgestellten Wert einen Maßstab für ihre Angebote erhalten; es ist dabei zu berücksichtigen, dass in Zwangsvollstreckungsverfahren Erwerber meist nicht die gleichen Möglichkeiten zur Besichtigung der Immobilie und ihrer näheren Prüfung haben wie bei einem freien Verkauf. Dieses Defizit kann durch einen zuvor mit Hilfe sachverständigen Rats festgesetzten Wert zum Teil ausgeglichen werden. Eine Bewertung im Verfahren dient daher der besseren Berücksichtigung der Interessen aller Beteiligten: Gleichzeitig wird aber in Kauf genommen, dass das Verfahren sich verzögert. Denn die Wertermittlung kann Zeit kosten, vor allem wenn die Parteien gegen das Ergebnis der Wertermittlung Bedenken vorbringen oder gar Rechtsbehelfe einlegen.

Einige Länder verzichten daher im Interesse eines schnellen Verfahrens auf die Wertermittlung. In einigen Rechtsordnungen wird auf den Schutz eines zu erzielenden Mindestpreises ohnehin ganz verzichtet. In anderen Ländern besteht wenigstens die Möglichkeit, dass der Eigentümer nachträglich eine Bewertung vornehmen lässt. Dies vor allem dann, wenn ein freihändiger Verkauf des Grundstückes zulässig ist.

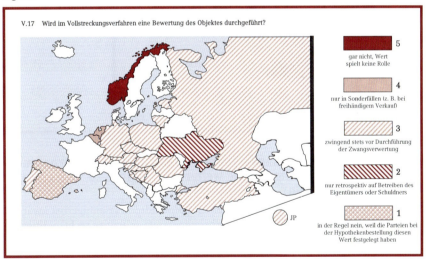

18. Wird die Verwertung durchgeführt, auch wenn bestimmte Grenzen des Grundstückswerts nicht erzielt werden?

In einem Verwertungsverfahren treten widerstreitende Interessen zutage. Der betreibende Gläubiger möchte seine Forderung befriedigen. Der Schuldner/Eigentümer, der den Verlust seines Eigentums nicht verhindern kann, möchte einen Erlös erhalten, der zumindest alle seine Verbindlichkeiten deckt oder möglichst darüber hinausgeht. Nachrangige Gläubiger sind daran interessiert, dass der Erlös die Forderungen der vorrangigen Gläubiger übersteigt, damit sie selbst auch in den Genuss einer Zahlung im Erlösverteilungsverfahren kommen.

Eigentümer und nachrangige Gläubiger sind daher u.U. daran interessiert, eine Verwertung zu verhindern, wenn ein gewisser Wert im Versteigerungsverfahren nicht erreicht wird. Aus diesem Grunde legen manche Rechtsordnungen gesetzliche Wertgrenzen fest, bei deren Nicht-Erreichen eine Versteigung gar nicht durchgeführt wird oder das Verfahren hinausgeschoben und damit verlängert werden muss. Hierzu finden sich Einzelregelungen mit unterschiedlichen Prioritätensetzungen.

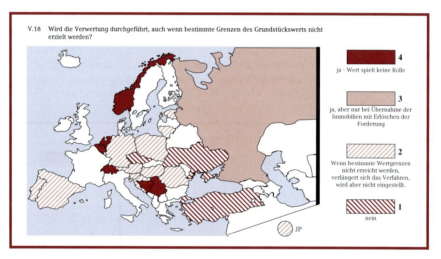

19. Gibt es ein Recht darauf, ein Grundstück durch Übernahme durch den Gläubiger ohne weiteres Verfahren zu verwerten? (*lex commissoria*)

Die Übernahme der Immobilie durch den Grundpfandrechtsgläubiger ist zwar die schnellste Verwertungsvariante. Aber sie begegnet tief greifenden rechtspolitischen Bedenken, wenn ein solches Übernahmerecht nicht beschränkt ist, insbesondere durch einen Wertausgleichsanspruch des Eigentümers.

Die meisten kontinentaleuropäischen Rechtsordnungen verbieten eine Übernahme völlig. Offenbar stellt sie nur in der Ukraine und in Schottland die übliche Verwertungsform dar. Allerdings erlauben auch Frankreich[87] und Rumänien eine Übernahme bei vorheriger vertraglicher Vereinbarung.

Die Thematik des Übernahmerechts ist von höchster verbraucherpolitischer Brisanz und verdient deshalb nähere Betrachtung auf europäischer Ebene, ist bisher aber gleichwohl im verbraucherschutzorientierten Weißbuch der EU-Kommission nicht erfasst. Zwar hat die EU bei Mobiliarsicherheiten im gewerblichen Bereich Möglichkeiten außerverfahrensmäßiger Verwertung in der Finanzsicherheitenrichtlinie beträchtlich erweitert (zur Umsetzung in Deutschland § 1259 BGB), daraus lassen sich aber für Immobilien keine Schlüsse auf eine gleichlaufende Tendenz ziehen.

Interessante Perspektiven eröffnet ein Vergleich mit dem US-Recht. Betreibt eine Bank die Zwangsverwertung eines Grundstücks mit Gebäude, kann sie in den meisten Bundesstaaten danach nur dann die verbleibende Restschuld geltend machen, wenn sie für die Verwertung das gerichtliche Verfahren wählt und anschließend die Restschuld gerichtlich feststellen lässt (sog. deficiency judgement). Das Recht vieler Bundesstaaten und die kautelarjuristische Gestaltung gewähren den Banken aber meist schnellere und höheren Erlös versprechende Optionen für außergerichtliche Vollstreckung, für die sich die Banken meist entscheiden; denn die Geltendmachung der Restschuld gilt allgemein in Anbetracht der hohen Mobilität in den USA und der Schwierigkeit, einen Schuldner in einem Land ohne Meldewesen zu lokalisieren, als wenig aussichtsreich.[88]

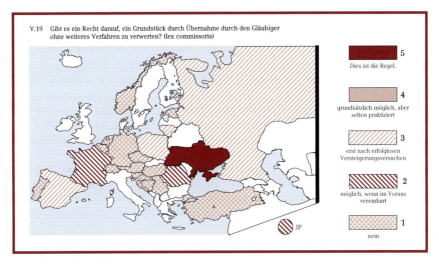

---

87 Durch die Ordonnance No. 2006-346 vom 23. März 2006 (Journal Officiel No. 71 v. 24. März 2006) wurde im Zuge der Reform des französischen Sicherheitenrechts der pacte commissoire neu in den französischen Code Civil eingeführt (Art. 2459, 2460 Code Civil). Für Verbraucher wird diese Möglichkeit durch Art. L 311-32 Code de Consommation allerdings ausgeschlossen.

88 Zur Realisierung einer mortgage in den USA vgl. *Stürner/Kern*, Grundsatzfragen des US-Hypothekenrechts, S. 936 ff.

20. Muss ein Ausgleich gezahlt werden, wenn bei der Übernahme durch den Gläubiger der Wert der Immobilie die Forderung übersteigt?

Diese Frage macht natürlich nur Sinn, soweit ein Übernahmerecht besteht. Das völlige Fehlen eines Ausgleichsanspruches ist allerdings nicht ohne rechtspolitische Brisanz, obwohl es überraschend selten festzustellen ist.

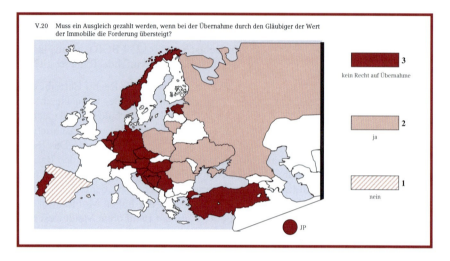

21. Kann der Gläubiger des Grundpfandrechts an der Zwangsversteigerung teilnehmen und das Grundstück selbst erwerben?

Vom „freihändigen" Übernahmerecht (*lex commissoria*) ist die Ersteigerung durch den betreibenden Gläubiger zu unterscheiden. Der Eigentümer bzw. Schuldner ist hier nicht in gleichem Maße schutzwürdig wie bei außerverfahrensmäßiger Übernahme, weil die Formalisierung des Verfahrens Manipulationen einen gewissen Riegel vorschiebt. Indessen besteht aber auch hier die Gefahr, dass der Gläubiger die Gunst der Stunde zu seinem Vorteil nützt und billig ersteigert. Einige Länder schützen hiervor dadurch, dass die Restschuld ganz oder teilweise wegfällt, z.B. in Deutschland bis zu 7/10 des festgestellten Grundstückswertes (§ 114a ZVG). In anderen Rechtsordnungen fehlt dagegen ein solcher Schutz, d.h. es bewendet bei der Tilgung in Höhe des Versteigerungserlöses. Streng, aber unflexibel ist das volle Verbot der Selbstersteigerung, das bei den untersuchten Ländern allerdings nirgends zu gelten scheint.

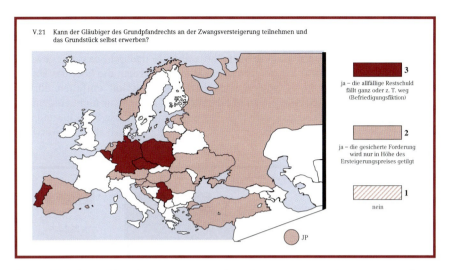

22. Welche nicht eingetragenen Forderungen werden vorrangig berücksichtigt?

Die Verteilung des Verwertungserlöses ist eine der wichtigsten Fragen für die rechtliche Durchsetzungsfähigkeit eines Grundpfandrechtes. Hierbei spielt vor allem eine Rolle, welche Forderungen den Grundpfandrechten vorgehen, auch wenn sie nicht im Grundbuch eingetragen sind.[89]

Überall gehen die Verfahrenskosten vor. Auch grundstücksbezogene Steuern und öffentliche Lasten sowie Instandhaltungskosten werden üblicherweise vorrangig behandelt. Dagegen werden Gehaltsforderungen von Arbeitnehmern und Unterhaltsansprüche meist nur in engen Grenzen gegenüber Grundpfandrechten berücksichtigt, so z.B. beschränkt auf einen gesetzlichen Mindestlohn, einen kurzen Zeitraum oder auf dem Grundstück selbst beschäftigte Arbeitnehmer.

Die bevorrechtigte Bedienung aller Steuerforderungen und Gehaltsforderungen gegen den aktuellen Eigentümer und alle seine Vorgänger war noch bis in die 90er Jahre die Regel in Mittel- und Osteuropa.[90] Während dort solche Privilegierungen durch Reformen weitgehend beseitigt wurden, finden sie sich in der einen oder anderen Form noch in romanischen oder romanisch beeinflussten Rechtsordnungen. Dem Vorteil, der damit in einigen Einzelfällen für einige Arbeitnehmer oder den Fiskus verbunden sein kann, steht die erhebliche Einschränkung des Werts des Grundpfandrechtes als Sicherungsmittel gegenüber. Kreditgeber, die den Umfang privilegierter künftiger Forderungen nicht kennen können, werden sich nicht in sonst üblicher Weise auf den Wert des Grundpfandrechtes verlassen und daher in

---

89 Zu den Vorrechten in einem Insolvenzverfahren vgl. C.VI.9.
90 Zu den diesbezüglichen bahnbrechenden Reformen im polnischen Recht, die insbesondere zur Abschaffung der „stillen" gesetzlichen Hypotheken zugunsten des Steuerfiskus geführt haben, vgl. z.B. *Drewicz-Tułodziecka/Soergel/Stöcker*, Mehr Rechtssicherheit für die Hypothek in Polen, WM 2002, S. 891 ff. (893). Die im Schaubild unter 4. genannten Steuern gehen einer Hypothek daher nicht mehr zwingend vor.

manchen Fällen bei Finanzierungen zurückhaltender sein – was indirekt wieder die Einnahmen des Staates und auch die Zahl der Arbeitsplätze mindern mag.

Die Praxis schützt sich gegen diese Vorrechte teilweise dadurch, dass die gewerblichen Immobilien von Zweckgesellschaften gehalten werden, die über das Halten der Immobilie hinaus keine andere wirtschaftliche Aktivität entfalten dürfen. Dadurch können Gehaltsforderungen in erheblichem Umfang gar nicht erst entstehen, und die Steuern bleiben kalkulierbar. Der Aufwand für diese Struktur und ihre laufende Kontrolle durch den Grundpfandrechtsgläubiger erhöhen aber den Aufwand für den Immobilienkredit und wirken verteuernd.

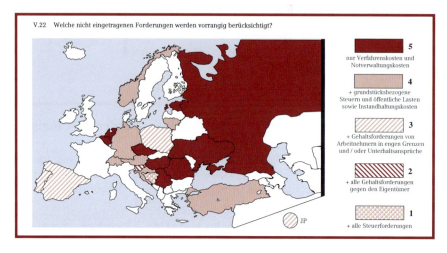

23. Können Bauunternehmer und Handwerker (Bauhandwerker), die Leistungen für die Erstellung oder Renovierung der Immobilie erbracht haben, ihre Leistungen vorrangig sichern?

Rechtspolitisch wird immer wieder gefordert, den Bauunternehmern und Handwerkern bei der Erlösverteilung ein Vorrecht vor Grundpfandrechtsgläubigern zu geben, damit gerade die Gläubiger nicht leer ausgehen, die mit ihrer Arbeitsleistung das Gebäude hergestellt und seinen Wert geschaffen haben. Allerdings ist hierbei zum einen zu berücksichtigen, dass es oft schwierig ist, den Mehrwert zu berechnen und nachzuweisen, den der einzelne Handwerker zum Gesamtwert beigetragen hat. Zum anderen gibt es durchaus andere, Publizität wahrende Verfahrensweisen, die sicherstellen, dass die beteiligten Unternehmen ihre während der Bauzeit entstandenen Forderungen bedienen lassen können.

Die einzelnen Gesetzgeber haben daher sehr unterschiedliche Regelungen geschaffen, um diesen Interessenkonflikt zu lösen. Die neueren Gesetze hierzu in Mittel- und Osteuropa verweisen die Bauhandwerker darauf, sich zur Sicherung ihrer Forderungen ein rechtsgeschäftliches Grundpfandrecht bestellen zu lassen.

Erläuterung der Schaubilder 81

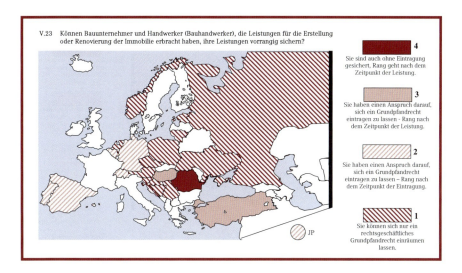

24. In welchem Umfang kann der Gläubiger Zinsen und Kosten aus dem Erlös der Verwertung (ohne Kosten der Vollstreckung) geltend machen?

Die Regelungen zum Haftungsumfang sind sehr facettenreich. Während manche Länder als Inhaber des Grundpfandrechts einen zusätzlichen Haftungsbetrag gewähren, der für unterschiedliche Nebenforderungen genutzt werden kann, bieten andere Rechtsordnungen nur die Möglichkeit, Zinsen entsprechend dem Darlehensvertrag zu verlangen. Dazwischen gibt es abgestufte Gestaltungsformen.

Bei stark akzessorischen Grundpfandrechten ergibt sich der Umfang der Zinsen, die geltend gemacht werden können, im Prinzip aus der darlehensvertraglichen Vereinbarung. Dies ist zum Teil aber auch bei Grundpfandrechten mit stark beschränkter Akzessorietät der Fall. Manche Rechtsordnungen bieten die Möglichkeit, innerhalb des vertraglich vereinbarten Rahmens nicht nur die Zinsen geltend zu machen, sondern auch andere Forderungen und schaffen für den Grundpfandrechtsgläubiger damit mehr Flexibilität. Solche Lösungen lassen es aber zu, dass der Betrag, der insgesamt in der Verwertung geltend gemacht wird, deutlich höher liegen kann als der eingetragene Kapitalbetrag. Einige Rechtsordnungen versuchen daher, nachrangige Gläubiger vor Überraschungen zu schützen und ihnen mehr Informationen über den insgesamt vorgehenden Betrag zu geben. Die eindeutigste Lösung besteht darin, das Grundpfandrecht nur mit einem Betrag einzutragen, der auch Zinsen und Kosten abdecken muss, so dass man diesen Kapitalbetrag entsprechend höher wählen muss. Eine andere Option liegt darin, die dinglich gesicherten Zinsen in der Höhe zu begrenzen oder statt eines vertraglich vereinbarten Rahmens einen gesetzlichen Rahmen für Zinsen und Kosten sowie mögliche andere Forderungen vorzugeben.

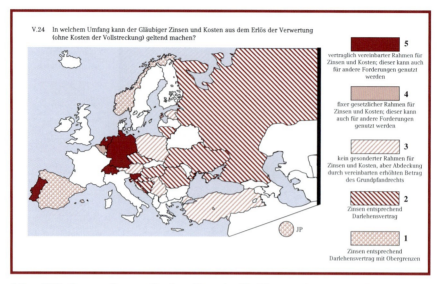

25. Wie lange dauert in der Praxis die Verwertung von der Einleitung des Verfahrens bis zur Verteilung des Erlöses in nicht komplexen Fällen ohne Gegenmaßnahmen des Eigentümers?

Die Dauer eines Vollstreckungsverfahrens wird bei vergleichenden Darstellungen mit qualitativen Aussagen häufig als zentraler Maßstab der Effizienz und rechtlichen Durchschlagskraft eines Grundpfandrechts betrachtet. Eine solche Beurteilung beruht jedoch letztlich auf einer nicht voll überzeugenden Gewichtung. Denn die Verfahrensdauer alleine erlaubt vor allem noch keine ausreichende Aussage darüber, ob die Forderungen der Grundpfandrechtsgläubiger im Vollstreckungsverfahren auch wirklich vollständig bedient werden. Vielmehr spielen für den befriedigenden Verfahrensausgang Initiativ- und Abwehrrechte, die Beweislastverteilung bei Streitigkeiten ebenso eine Rolle wie Vorrechte und Fragen der Verfahrenshoheit.

Zuverlässig Statistiken über die Verfahrensdauer gibt es in den meisten Ländern nicht. Wo Statistiken geführt werden, wird nicht nach Objektarten und Gründen für die unterschiedliche Verfahrensdauer differenziert. Eine Unterscheidung ist aber sicherlich dahingehend sinnvoll, ob ein Verfahren „glatt durchläuft" und folglich die gesetzlichen Regelfristen die Verfahrensdauer bestimmen, oder ob der Eigentümer sich aus legitimen und nachvollziehbaren Gründen mit gesetzlichen Rechtsbehelfen gegen die Vollstreckung in seine Immobilie wehrt, auch wenn er am Ende letztlich unterliegt.

Insgesamt lässt sich sagen, dass die Dauer von Vollstreckungsverfahren in einfachen Fällen in vielen Ländern unter einem Jahr liegt, falls der Eigentümer keine Gegenrechte geltend macht. Vor diesem Hintergrund erscheint z.B. das Bewertungsschema der EBRD-Studie als zu undifferenziert.[91]

---

91 Vgl. dazu unter D.I.1.b.

Erläuterung der Schaubilder 83

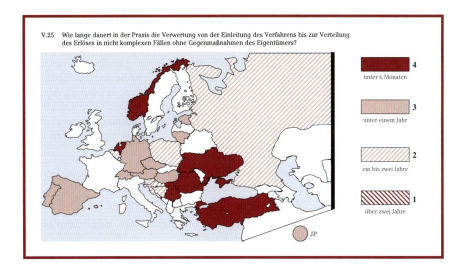

26. Wie lange dauert in der Praxis die Verwertung von der Einleitung des Verfahrens bis zur Verteilung des Erlöses in nicht komplexen Fällen bei Ausnutzung von Rechtsbehelfen?

Wehrt sich der Eigentümer gegen eine Vollstreckung in seine Immobilie, verzögert sich das Verfahren überall, in der Regel um eine Zeitkategorie. Bestreitet er dabei die gesicherte Forderung und geht deshalb gegen die Vollstreckung unter Inanspruchnahme aller Instanzen vor, lässt sich eine Obergrenze für die Verfahrensdauer nur schwer abschätzen. Die Dauer des Verfahrens hängt dann von der normalen Verfahrensdauer in Zivilrechtsstreitigkeiten ab, weil das Vollstreckungsverfahren sich erst an das nachgeholte Erkenntnisverfahren anschließen kann.

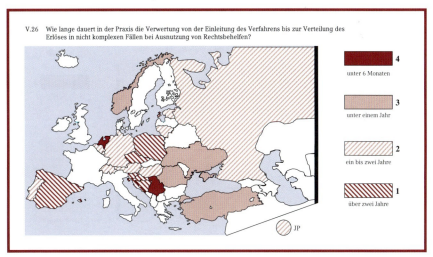

VI. Insolvenz

Das Insolvenzverfahren ist durch eine Vielzahl widerstreitender Interessen gekennzeichnet: konkurrierende Insolvenzgläubiger, Arbeitnehmer, gesicherte Gläubiger, Aussonderungsberechtigte, Schuldner etc. Es erfasst eine Fülle unterschiedlicher Vermögensgegenstände. Im Falle der Insolvenz eines Unternehmens kann die Absicht des Insolvenzverwalters, dieses möglichst zu sanieren und fortzuführen, den Interessen einzelner Gläubigergruppen zuwiderlaufen. Die Rechtsordnung muss zwischen diesen widerstreitenden Interessen einen Ausgleich suchen. Die untersuchten Länder setzen die Prioritäten dabei nicht einheitlich.

Einfacher liegt der Fall dann, wenn die belastete Immobilie der einzige Vermögensgegenstand des Gemeinschuldners ist, wie dies im internationalen Gewerbekreditgeschäft bei einer Objektgesellschaft der Fall sein kann.

1. Wer betreibt die Verwertung des Grundstücks, nachdem das Insolvenzverfahren eröffnet wurde?

Wenn über das Vermögen des Immobilieneigentümers die Insolvenz eröffnet wird, geht die Verwaltungs- und Verfügungsbefugnis über das Grundstück überall grundsätzlich auf den Insolvenzverwalter über. Unterschiedlich sind jedoch die Einflussmöglichkeiten der Grundpfandrechtsgläubiger auf das weitere Verfahren; dies wird in den nächsten Schaubildern untersucht.

Es gibt drei grundsätzliche Möglichkeiten, das Initiativrecht bei der Verwertung eines belasteten Grundstücks zu regeln, und jede Variante ist auch in mehreren Rechtsordnungen verwirklicht. Das Recht zur Einleitung eines Verwertungsverfahrens kann nur beim Grundpfandrechtsgläubiger liegen – so vor allem die spanische Lösung. Es kann alternativ dem Grundpfandrechtsgläubiger oder dem Insolvenzverwalter zustehen – so etwa die deutsche Lösung. Oder es kann nur der Insolvenzverwalter ein Verwertungsverfahren einleiten, wie dies der Mehrzahl der untersuchten Rechtordnungen entspricht.

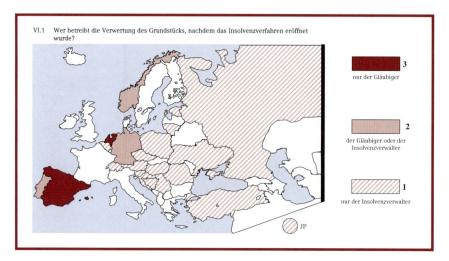

2. Welchen Einfluss hat der Grundpfandrechtsgläubiger bei der Insolvenz des Eigentümers auf das Verwertungsverfahren im Falle der Liquidation?

Manche Rechtsordnungen, wie z.B. Deutschland oder Spanien, ermöglichen die Durchführung eines eigenständigen Vollstreckungsverfahrens außerhalb des Insolvenzverfahrens oder gewähren doch dem Gläubiger maßgeblichen Einfluss auf das Verwertungsverfahren. Einige Rechtsordnungen vor allem Mittel- und Osteuropas bilden für die belasteten Grundstücke eine eigene Verwertungsklasse mit Zustimmungserfordernissen der Gläubiger der Grundpfandrechte.

In anderen Ländern in Mittel- und Südosteuropa liegt die Verfahrenshoheit dagegen alleine beim Insolvenzverwalter, so dass die Grundpfandrechtsgläubiger auf das Verwertungsverfahren nur über die generelle Aufsicht des für das Insolvenzverfahren zuständigen Gerichts indirekt Einfluss nehmen können, der Insolvenzverwalter also weitgehend unabhängig agieren kann.

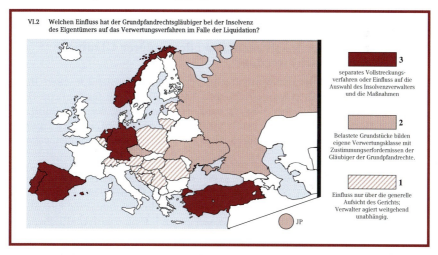

3. Welchen Einfluss hat der Grundpfandrechtsgläubiger bei der Insolvenz des Eigentümers auf das Verwertungsverfahren im Falle eines Sanierungs- oder Vergleichsverfahrens?

In Sanierungsverfahren wächst die Gefahr, dass den Grundpfandrechtsgläubigern ein Beitrag zum Erhalt eines Unternehmens abverlangt wird, z.B. in Gestalt einer Stundung oder eines Teilverzichts. Dabei zerfallen die Rechtsordnungen in zwei Gruppen. Ein Teil der Rechtsordnungen macht solche Beschränkungen von der Zustimmung der Grundpfandrechtsgläubiger oder doch ihrer Mehrheit abhängig. Es gibt aber auch Länder, in denen ein solcher Sanierungsbeitrag erzwungen werden kann.

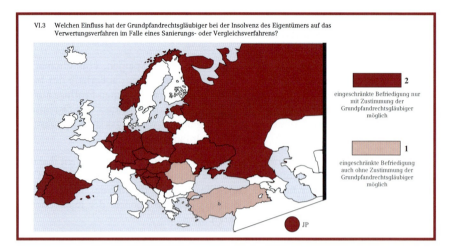

4. Können gegen die Verwertung des Grundstücks auch Interessen der Insolvenzmasse oder anderer Gläubiger geltend gemacht werden?

Häufig ist die Immobilie der werthaltigste Vermögensgegenstand in einer Insolvenzmasse oder im Fall eines betrieblichen Grundstückes die tatsächliche Basis einer Produktionsstätte. Daher liegt es nahe, die Verwertung der Immobilie und damit ihre Herauslösung aus der Insolvenzmasse aufzuschieben, um den Gesamtwert der Insolvenzmasse nicht durch eine Herauslösung des Grundstückes zu gefährden.

Nahezu alle hier untersuchten Länder geben dem Insolvenzverwalter eine solche Möglichkeit entweder nur zeitlich beschränkt (z.B. in Deutschland §§ 30d und e ZVG) oder sogar überhaupt nicht. In der Ukraine scheint allerdings eine intensivere Beeinträchtigung der Verwertungsmöglichkeit generell wegen wirtschaftlicher oder sozialer Interessen anderer Insolvenzgläubiger möglich zu sein.

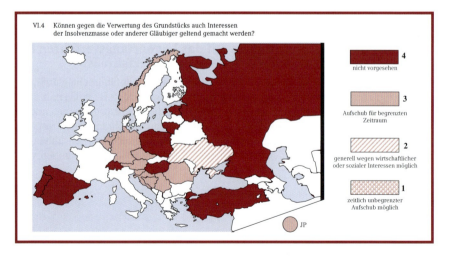

5. Muss bei Aufschub der Verwertung im Interesse der Insolvenzmasse eine Entschädigung an die Grundpfandrechtsgläubiger gezahlt werden?

Westeuropäische Länder geben den Grundpfandrechtsgläubigern teilweise ein Entschädigungsrecht für den Fall, dass die Verwertung durch den Insolvenzverwalter aufgeschoben wird. Die meisten Rechtsordnungen scheinen dies allerdings nicht vorzusehen. Der Gedanke der Entschädigung bei Eingriffen in Sicherungsrechte ist vor allem im U.S.-amerikanischen Insolvenzverfahren entwickelt worden.[92]

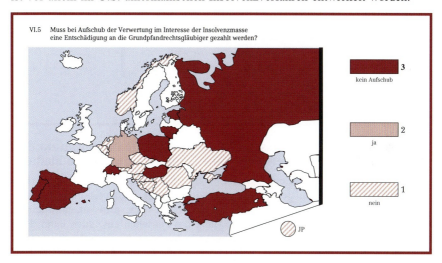

6. Mit welchem Zeitpunkt treten die Wirkungen der Insolvenz ein? (ohne Berücksichtigung möglicher Anfechtungen)

Für alle Gläubiger einer Insolvenzmasse ist es von großer Bedeutung, wann genau die Wirkungen der Insolvenz eintreten. Nur in wenigen Ländern ist hierfür die Eröffnung des Insolvenzverfahrens alleine maßgeblich.

Die meisten Rechtsordnungen gehen im Grundsatz vom Zeitpunkt der Insolvenzeröffnung aus, sehen aber daneben die Möglichkeit vorläufiger Beschränkungen oder Rückschlagfristen vor, um so auch Verfügungen im Vorfeld des Insolvenzverfahrens zu erfassen. Ein Grundpfandrechtsgläubiger muss über diese Fristen informiert sein, wenn er sicher sein will, dass sein Grundpfandrecht in der Insolvenz tatsächlich Bestand hat. Dabei kommt es dann aber auch auf den Stand des Verfahrens der Grundpfandrechtsbestellung zum fraglichen Zeitpunkt an (siehe VI.7.)

---

92 Dazu *Baur/Stürner*, Zwangsvollstreckungs-, Konkurs- und Vergleichsrecht, Bd. II Insolvenzrecht, 12. Aufl. 1990, Rn. 39.89; *Stürner/Kern*, Deutsche Hypothekenpfandbriefe und U.S.-amerikanische Deckungswerte, 2007, S. 93 ff. (für Mobiliensicherheiten).

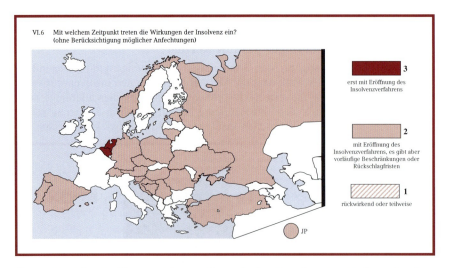

7. Welche Stellung müssen Grundpfandrechte im Zeitpunkt der Insolvenzwirkung erreicht haben, um wirksam zu sein/bleiben?

Fundamentale Bedeutung für einen Grundpfandrechtsgläubiger hat die Frage, ob und unter welchen genauen Entstehungsvoraussetzungen sein Grundpfandrecht im Rahmen eines Insolvenzverfahrens als solches anerkannt wird; dies hat unmittelbare Folgen für die Entscheidung, wann eine Bank das Darlehen auszahlen kann. Dies hängt dann im Einzelnen davon ab, welche Anforderungen die jeweilige Rechtsordnung an den Stand des Verfahrens zur Entstehung des Grundpfandrechts stellt.[93]

In mehreren Ländern wird das Grundpfandrecht im Insolvenzverfahren nur dann berücksichtigt, wenn seine Eintragung im Grundbuch oder Immobilienregister bereits erfolgt ist. Mehrere Rechtsordnungen verlagern diesen Zeitpunkt nach vorne und

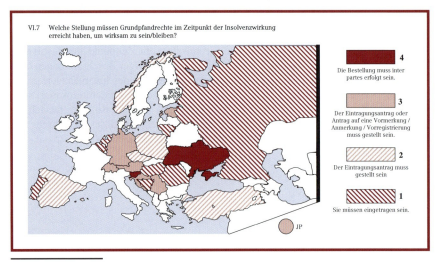

---

93 Vgl. hierzu C.II.6.

lassen bereits die Stellung des Eintragungsantrages oder des Antrages auf eine Vormerkung, eine Anmerkung oder eine Vorregistrierung genügen. Nur sehr vereinzelt genügt es bereits, dass die Bestellung des Grundpfandrechts *inter partes* erfolgt ist.

8. Wie wird der Verwertungserlös aus der Verwertung des Grundpfandrechtes verwendet?

In einer Reihe von Ländern erhält der Gläubiger den ihm zustehenden Verwertungserlös unmittelbar aus dem Verwertungsverfahren, das speziell über die Immobilie durchgeführt wird. In manchen Ländern wird der Verwertungserlös zwar vom Insolvenzverwalter eingezogen, aber dann an die Grundpfandrechtsgläubiger ausbezahlt, ohne vorher Teil der Insolvenzmasse zu werden. Eine andere vorkommende Lösung besteht darin, dass der Erlös der Insolvenzmasse zufließt und der Grundpfandrechtsgläubiger dann aus der Verteilungsmasse bevorzugt berücksichtigt wird.

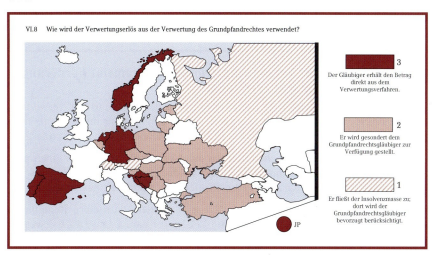

9. Welche nicht eingetragenen Forderungen werden vorrangig berücksichtigt?

Wie im Vollstreckungsrecht[94], so spielt auch im Insolvenzverfahren die Frage eine überragende Rolle, ob nicht im Grundbuch oder Register eingetragene Forderungen einem Grundpfandrecht vorgehen können. Diese häufig als Privilegien oder geheime Hypotheken bezeichneten Vorrechte können den Sicherungswert eines Grundpfandrechts stark beeinträchtigen oder sogar vollständig aushöhlen, wenn sie nicht vorhersehbar, verifizierbar oder sonst kalkulierbar sind.

Noch vor einigen Jahren wurden die Grundpfandrechte in Mittel- und Osteuropa durch zahlreiche solche Vorrechte gefährdet. Es ist sehr erfreulich, dass nunmehr in allen hier untersuchten Rechtsordnungen den Grundpfandrechten eine gute Rangposition im Insolvenzverfahren zukommt. Gerade in Mittel- und Osteuropa ist heute ihre kodifizierte Position oft besser als in vielen westeuropäischen Ländern.

---

94 Vgl. dort C.V.22.

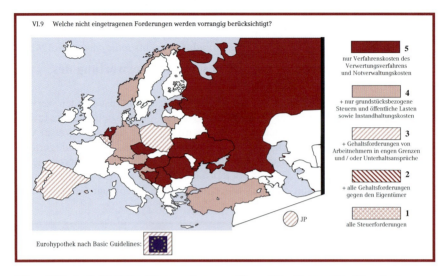

10. Wird ein Teil des Verwertungserlöses für allgemeine Forderungen der Insolvenzmasse verwendet?

Nahezu alle hier erfassten Rechtsordnungen geben den Erlös aus der Verwertung der Immobilie vorrangig den Grundpfandrechtsgläubigern; nur insoweit, als nach deren Befriedigung ein Rest verbleibt, ist dieser Bestandteil der Insolvenzmasse.

Bloß sehr wenige Länder machen hiervon eine Ausnahme und geben einen pauschalen Anteil am Verwertungserlös direkt in die Insolvenzmasse, so dass der Verwertungserlös für die Grundpfandrechtsgläubiger hierdurch geschmälert wird.

Am Beispiel des deutschen Rechts soll gezeigt werden, dass diese Regelungen durchaus kompliziert sein können: Nach § 171 InsO i.V.m. § 10 I 1a ZVG werden 4% des Erlöses aus der Verwertung hypothekarisch mithaftender beweglicher Sachen (also auch des Zubehörs) als pauschaler Kostenbeitrag vom Verwertungserlös abgezogen und in die Insolvenzmasse eingebracht. Insoweit schmälert dieser Abzug den Erlös des Grundpfandrechtsgläubigers. In der Praxis spielt dieser Betrag allerdings meist keine große Rolle und kann deshalb vernachlässigt werden.

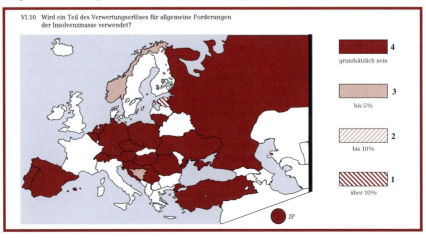

Erläuterung der Schaubilder 91

11. Erhält der Grundpfandrechtsgläubiger auch seine Zinsen und Kosten aus dem Erlös?

Die weitaus meisten hier dargestellten Rechtsordnungen bestimmen, dass der Grundpfandrechtsgläubiger seine Zinsen und Kosten aus dem Verwertungserlös in voller Höhe erhält, d.h. soweit das Grundpfandrecht solche Kosten auch außerhalb einer Insolvenz abdeckt. Die Insolvenz hat dann auf den Umfang der Sicherheit keine mindernde Auswirkung[95]. Nur sehr wenige Länder schränken diesen Grundsatz ein.

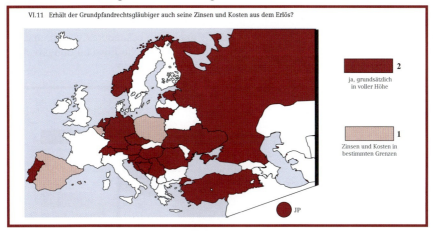

VI.11 Erhält der Grundpfandrechtsgläubiger auch seine Zinsen und Kosten aus dem Erlös?

12. Bis zu welchem Zeitpunkt müssen die Zinsen fällig geworden sein, die im Range des Grundpfandrechtes geltend gemacht werden können?

Einige Länder gewähren den Schutz des Grundpfandrechts nur für diejenigen Darlehenszinsen, die bis zur Eröffnung des Insolvenzverfahrens fällig geworden sind. Damit bleibt der Grundpfandrechtsgläubiger für die Zeit des Insolvenzverfahrens ohne Zinsertrag. Die weitaus meisten Rechtsordnungen erstrecken allerdings den Schutz des Grundpfandrechts auch auf Zinsen bis zum Zeitpunkt der Verteilung des Verwertungserlöses.

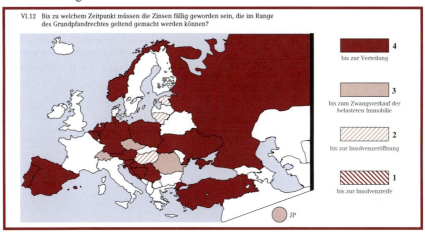

VI.12 Bis zu welchem Zeitpunkt müssen die Zinsen fällig geworden sein, die im Range des Grundpfandrechtes geltend gemacht werden können?

---

95 Vgl. auch C.V.24. in der Einzelvollstreckung.

13. Wie ist die Wirkung eines Insolvenzverfahrens gegenüber einem Verbraucher?

In jüngerer Zeit haben viele Staaten ein besonderes Verbraucherinsolvenzverfahren eingeführt. Die Ziele eines solchen Verfahrens sind unterschiedlich. In manchen Ländern steht der Vereinfachungseffekt im Vordergrund, eine volle Schuldbefreiung ist nicht die beabsichtigte Regelfolge. In anderen Rechtsordnungen intendiert dagegen die besondere Verbraucherinsolvenz zumindest auch eine Form der Schuldbefreiung, unter Umständen erst nach einer Bewährungszeit korrekter teilweiser Schuldentilgung. Wo es mangels eines Insolvenzverfahrens gegen Privatleute gar keine Verbraucherinsolvenz gibt, wird häufig auch kein besonderes Verfahren existieren. Allerdings bleiben ähnliche vollstreckungsrechtliche Entschuldungsverfahren denkbar.

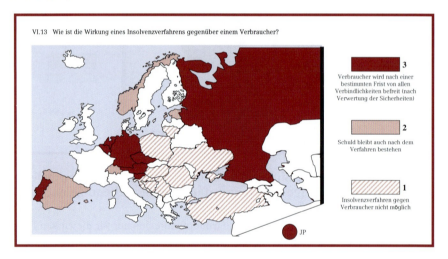

14. Wird der Verbraucher in einem Insolvenzverfahren stärker geschützt gegenüber Grundpfandrechten als ein Schuldner/Eigentümer generell in einem Insolvenzverfahren?

Rechtsordnungen mit besonderen Verbraucherinsolvenzen müssen die Frage entscheiden, ob der Eigentümer eines belasteten Grundstücks in einem solchen Verfahren stärker geschützt wird als im gewöhnlichen Insolvenzverfahren. Dies scheint allerdings gar nicht oder kaum der Fall zu sein. Es wäre auch der Kreditierungsbereitschaft der Banken nicht förderlich.

Erläuterung der Schaubilder 93

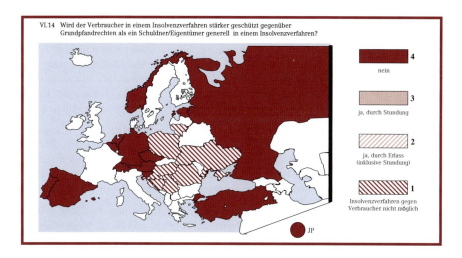

VII. Praktische Anwendungsmöglichkeiten

In den folgenden Schaubildern werden einige wichtige Fallbeispiele aus der Kreditpraxis vorgestellt. Dabei wird geprüft, ob die hier dargestellten Grundpfandrechte zur Sicherung dieser Kreditstrukturen verwendet werden können. Diese Beispiele betreffen vor allem Fälle, in denen im Kreditverhältnis Veränderungen auftreten. Diese Änderungen können die gesicherte Forderung, den Gläubiger oder den Schuldner betreffen. Für die flexible Nutzung eines Grundpfandrechtes spielt der Grad der Akzessorietät eine fundamentale Rolle. Daher sind die im hier vorliegenden Kapitel C.VII. behandelten Fragen im engen Zusammenhang mit denjenigen Fragen zu betrachten, die in Kapitel C.III. erörtert werden.

Besondere Bedeutung für die Immobilienfinanzierung, sowohl im gewerblichen als auch im Wohnungsbereich, haben die folgenden ersten fünf Fälle, in denen Änderungen bei der gesicherten Forderung auftreten, dagegen Gläubiger und Schuldner gleich bleiben.

1. **Besteht die Möglichkeit, das Grundpfandrecht so zu gestalten, dass eine bestehende gesicherte Forderung erhöht werden kann, ohne dass das Grundpfandrecht geändert werden muss?**

Kreditaufstockungen und damit Darlehenserhöhungen finden in der Kreditpraxis häufig statt. Sie sind aus hypothekenrechtlicher Sicht unproblematisch, wenn ein bereits teilweise getilgtes Darlehen wieder „aufgefüllt" werden soll, also teilweise oder vollständig wieder auf den Anfangskapitalbetrag gebracht wird. Häufig wird auch der endgültige Kapitalbetrag des Kredits offen gelassen und nur auf einen Höchstbetrag begrenzt, z.B. in Form eines Krediteröffnungsvertrages; dabei ist wesentlich, dass das Grundpfandrecht von Anfang an in ausreichender Höhe bestellt wird. Frage und Schaubild unterstellen, dass eine solche Gestaltung von Anfang an im Kreditvertrag vorgesehen war und somit keine neue Forderung aus einem neuen Darlehensvertrag entsteht.

Für den Eigentümer bietet solche Flexibilität den Vorteil, dass er die Sicherheit des Grundstückes ohne den Aufwand einer neuen Bestellung des Grundpfandrechtes auch für die Verbindlichkeiten einsetzen kann, die für ihn erst später von wirtschaftlicher Bedeutung sind. Ein typischer Fall könnte der Kredit für die Modernisierung und Renovierung einer Immobilie sein, deren Ankaufskredit inzwischen zu erheblichen Teilen getilgt ist. Aber auch ganz anderen Zwecken, wie der Absicherung des Kaufs einer anderen Immobilie oder ganz anderer Wirtschaftsgüter, könnte dies dienen.

Dabei ist nur erforderlich, dass das Grundpfandrecht im Hinblick auf Umfang und Erlöschen nicht-akzessorisch ist. Denn dann bleibt es trotz teilweisem Erlöschen der gesicherten Forderung bestehen und kann auch den wieder erhöhten Betrag sichern. Die große Mehrheit der hier vorgestellten Rechtsordnungen bietet diese Möglichkeit – jedenfalls bei den jeweils untersuchten flexibelsten Formen.

In vielen Ländern existiert diese Möglichkeit aber nur, wenn das ursprüngliche schuldrechtliche Darlehensverhältnis im Grundsatz noch besteht und durch Neugestaltung den wirtschaftlichen Bedürfnissen angepasst werden kann. Ist es aber einmal erloschen, kann in solchen Ländern auch das Grundpfandrecht nicht mehr genutzt werden.

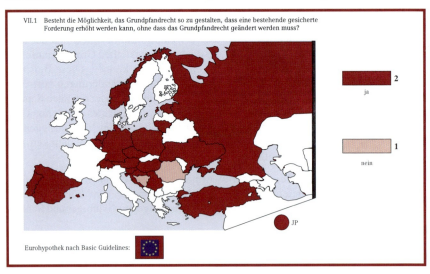

2. Kann eine Forderung gegen eine andere Forderung gegen den bisherigen Schuldner ausgetauscht werden ohne Nachteil für das oder Veränderung des Grundpfandrechts?

In der Praxis besteht oft der Bedarf, eine oder mehrere Forderungen aus einem Darlehensverhältnis durch eine neue Forderung – oft aus einem anderen, neuen Darlehensverhältnis – zu ersetzen. Der Paradefall ist die Umschuldung: Hier nimmt der Schuldner bei demselben Gläubiger ein neues Darlehen auf, um ein anderes Darlehen oder mehrere andere Darlehen ablösen zu können. Der wirtschaftliche Hintergrund kann z.B. im Wechsel von einem kurzfristigen variablen auf ein langfristiges festverzinsliches Darlehen liegen.

Rechtlich wird hierbei eine neue Forderung begründet – und die früheren Forderungen erlöschen. Ein Grundpfandrecht, das der Erlöschensakzessorietät streng folgt, müsste folglich auch erlöschen – und zur Sicherung der neuen Forderung müsste ein neues Grundpfandrecht bestellt werden, was wiederum die üblichen Kosten auslösen würde. Jedoch haben nahezu alle Länder Möglichkeiten entwickelt, diesen Nachteil zu vermeiden.

Manche Rechtsordnungen erlauben eine Forderungsauswechslung generell – und durchbrechen damit den Grundsatz strenger Akzessorietät im Hinblick auf die Erlöschensakzessorietät. Andere ermöglichen die Forderungsauswechslung nur, wenn zumindest das zugrunde liegende Rechtsverhältnis fortbesteht, also z.B. der Kreditrahmenvertrag; hier ist die Erlöschensakzessorietät stark gelockert. Rechtsordnungen, die am Prinzip der Akzessorietät möglichst streng festhalten wollen, müssen komplizierte Rechtskonstruktionen vorhalten, um das gleiche Ziel zu erreichen, wie z.B. die Technik der zeitlich direkt aufeinander folgenden Novation und Subrogation.

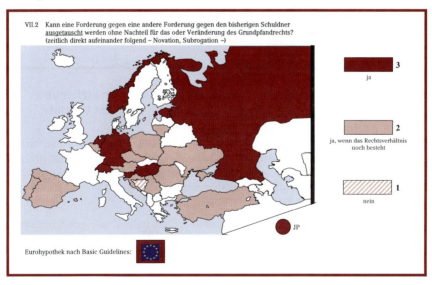

3. Kann das Grundpfandrecht neue Forderungen sichern, wenn die gesicherten alten Forderungen vollständig erloschen sind?

Der rechtstechnische „Trick", mit Hilfe von Novation und Subrogation die Klippe der Erlöschensakzessorietät zu umschiffen, führt dann nicht zum Erfolg, wenn zwischen dem Erlöschen der früheren Forderung und der Entstehung der neuen Forderung eine zeitliche Lücke besteht. Wer den Grundsatz der Akzessorietät voll durchhält und hier keine Ausnahme zulässt, kann das Grundpfandrecht nicht zur Sicherung einer neuen Forderung nutzen, da es mit der alten Forderung unwiederbringlich ebenfalls erloschen ist.

Hier zeigen sich Stärke und Flexibilität derjenigen Grundpfandrechte, die im Hinblick auf das Erlöschen nicht-akzessorisch ausgestaltet sind, wie dies in etwa bei der Hälfte der hier untersuchten Länder der Fall ist.

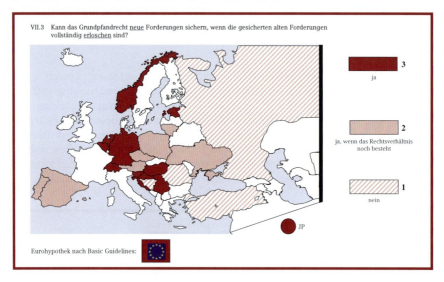

4. Kann das Grundpfandrecht ohne weiteres zur Sicherung einer Kreditlinie genutzt werden, ohne dass das Grundpfandrecht geändert werden muss?

Unter einer Kreditlinie versteht man in der Regel eine Kreditvereinbarung, bei der die Höhe des Kredits schwanken kann und nur ein Höchstbetrag bestimmt ist. Eine solche Kreditlinie kann ohne weiteres durch solche Grundpfandrechte gesichert werden, deren Umfangs- und Erlöschensakzessorietät entweder gelockert oder voll aufgegeben ist.

Gerade Gewerbetreibende und Freiberufler mit zeitlich unregelmäßigen Einnahmen, aber regelmäßigen Ausgaben haben ein wirtschaftliches Bedürfnis für die Absicherung eines ständig schwankenden Kreditbedarfs. Daher haben sehr früh auch Rechtsordnungen, welche die Akzessorietät des Grundpfandrechtes stark betonen, diese Möglichkeit flexibler Gestaltung des Grundpfandrechtes entwickelt. Da sich aber meist bald die Vorteile dieser flexibleren Form eines Grundpfandrechts gezeigt haben, wird sie heute in vielen dieser Länder weit über diesen Kundenkreis hinaus genutzt.

Zur Sicherung einer Kreditlinie ist auch ein streng akzessorisches Grundpfandrecht einsetzbar, wenn es eine künftige Forderung sichern kann, die zudem nicht bestimmt sein muss, sondern nur bestimmbar. Denn das Grundpfandrecht kann dann die künftige Forderung sichern, die bei Beendigung der Kreditlinie besteht – z.B. im Fall der Kündigung der Kreditlinie durch die Bank, wenn der Kunde die vereinbarten Zahlungen nicht leistet.

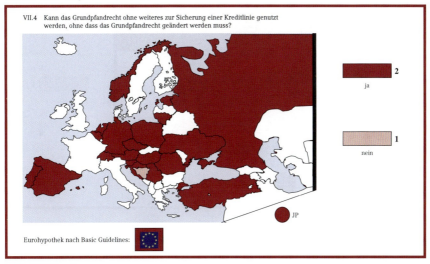

5. Kann das Grundpfandrecht (ohne jede Änderung) ein langfristig vergebenes Darlehen sichern, bei dem die Zinsen nur für einen Teil der Laufzeit fest vereinbart sind und für weitere kürzere oder längere Abschnitte neu vereinbart werden? (Abschnittsfinanzierung)

Diese Finanzierungsart der Abschnittsfinanzierung hat heute in vielen Ländern eine sehr große Bedeutung. Denn die vorgesehenen Laufzeiten von Immobiliendarlehen sind vor allem in der privaten Wohnungsfinanzierung sehr lange, häufig ca. 30 Jahre. Für einen solch langen Zeitraum wollen sich die Kunden aber nicht an einen Zinssatz binden lassen, weil sie hoffen, dass er in Zukunft niedriger sein könnte. Auch die Banken haben Probleme, solch lange Festzinsen anzubieten, weil sie sich über einen solchen langen Zeitraum nur in Ausnahmefällen Refinanzierungsmittel zu festen Zinsen beschaffen können.

Daher werden die Zinsen häufig für einen Teil der Laufzeit festgelegt, und nach Ablauf dieses Abschnitts wird der Zinssatz neu vereinbart. Darin liegt in aller Regel keine Novation mit der Entstehung einer neuen Forderung, weil ja bloß die Höhe des Zinssatzes geändert wird. Im Hinblick auf das Grundpfandrecht ist nur erforderlich, dass es mit einem Höchstzinssatz bestellt werden kann oder mit einem Höchstbetrag, der so hoch bemessen werden darf, dass er auch künftige Zinserhöhungen abdecken kann. Nicht-akzessorische Grundpfandrechte bieten natürlich eine sehr einfache Lösung, da bei ihnen sowohl der Kapitalbetrag als auch der Zinssatz des Grundpfandrechts unabhängig vom Kapitalbetrag und Zinssatz der gesicherten Forderung bestimmt werden kann.

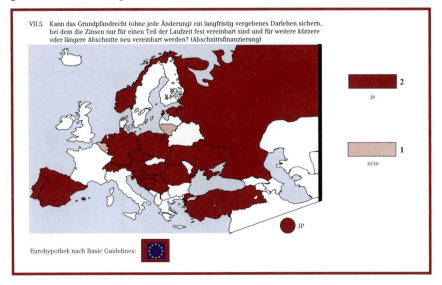

6. Kann das Grundpfandrecht von Bank A auf Bank B übertragen werden und dort eine neue Forderung sichern?

Praxisrelevante Fälle der Veränderung auf der Gläubigerseite werden in den Fragen 6–11 untersucht. Bei diesen Fällen geht es darum, einen Wechsel von Gläubiger und gesicherter Forderung zu erreichen und hierbei dasselbe Grundpfandrecht beizubehalten.

Der einfachste Fall ist die klassische Umschuldung. Hier wechselt der Kunde von einer Bank zu einer anderen und löst dabei sein Darlehen durch ein neues Darlehen der neuen Bank ab. Rechtlich entsteht eine neue Forderung zwischen neuen Vertragsparteien, die durch dasselbe Grundpfandrecht nur dann gesichert werden kann, wenn entweder das Grundpfandrecht den Wechsel des Gläubigers und der gesicherten Forderung generell zulässt oder eine spezielle Regelung einen solchen Austausch erlaubt.

Hier zeigt sich der deutliche Vorteil der nicht-akzessorischen Grundpfandrechte, bei denen die gesicherte Forderung ohne weiteres ausgewechselt werden kann.

Einige Rechtsordnungen erreichen das gleiche Ziel nur dann, wenn dabei auch die alte Forderung durch die Bank B übernommen und dann erst ersetzt wird durch eine neue Forderung. Dies ist die Technik der Novation und Subrogation.

Eine Reihe von Ländern bietet diese Gestaltungsmöglichkeit nicht. Dies gilt auch für die Niederlande, obwohl die dortige Bankhypothek ohne Wechsel des Gläubigers eine sehr flexible Grundpfandrechtsart darstellt. Beim Gläubigerwechsel zeigt sie ihre Begrenztheit, die darauf beruht, dass eine Bankhypothek bei einer Übertragung auf einen anderen Gläubiger zur sog. festen Hypothek umgewandelt werden muss und dann die Erlöschensakzessorietät gilt, die Hypothek also mit Erlöschen der ursprünglich gesicherten Forderung ebenfalls untergeht. Ebenso ist es trotz der 2007 neu eingeführten Flexibilität weiterhin mit der „hipoteca de máximo" in Spanien – und ebenso mit der „hypothèque pour toutes sommes" in Belgien und der „hipoteca omnibus" in Portugal.

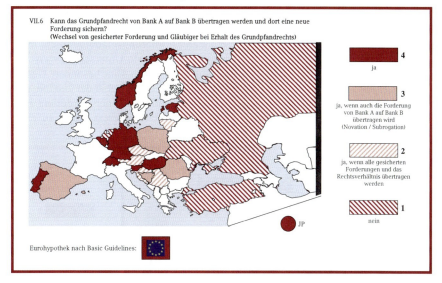

7. Können Grundpfandrecht und Forderung von verschiedenen Gläubigern gehalten werden?

Wirtschaftlicher Hintergrund dieser Frage sind Fälle, in denen Banken miteinander kooperieren, wie dies bei Konsortialkrediten oder Zwischenfinanzierungen geschieht. So ist es bei einer Zwischenfinanzierung während der Bauzeit von großem Vorteil, wenn ein Grundpfandrecht, das dann später dauerhaft bestehen bleiben soll, je nach dem erreichten Stand des Bauvorhabens anteilig für die zwischenfinanzierende und die endfinanzierende Bank genutzt werden kann. Ist dies nicht möglich, werden die Absicherung der Zwischenfinanzierung mit einem Grundpfandrecht und die Koordination mit dem Grundpfandrecht für die Endfinanzierung so kompliziert, dass man meist völlig auf koordiniertes Vorgehen verzichten und die Konsequenz einer Verteuerung der Zwischenfinanzierung in Kauf nehmen wird.

Auch bei der gemeinsamen Finanzierung einer Immobilie durch mehrere Banken ist die Eintragung aller Banken mit jeweils eigenen Grundpfandrechten im gleichen Rang zwar in den meisten Ländern möglich, aber im Hinblick auf das nicht seltene spätere Hinzukommen anderer Banken oder die spätere Übertragung von Anteilen an der Finanzierung zwischen Banken reichlich unflexibel. Diese Formen gemeinsamer Finanzierung erscheinen oft nur kostengünstig darstellbar, wenn eine Bank das Grundpfandrecht auch treuhänderisch für die anderen Banken halten kann.

Gefragt ist in solchen Fällen ein Grundpfandrecht, bei dem der Gläubiger des Grundpfandrechts nicht zugleich auch der Gläubiger der gesicherten Forderung sein und folglich nicht alle gesicherten Forderungen halten muss. Die Identität des Gläubigers von Grundpfandrecht und Forderung ist jedoch ein wesentliches Konstruktionsmerkmal aller Grundpfandrechte, die dem Gebot der Zuständigkeitsakzessorietät folgen.

Selbst die flexibelste Version einer akzessorischen Hypothek hat gegenüber einem nicht-akzessorischen Grundpfandrecht den Nachteil, dass das Erfordernis der Zuständigkeitsakzessorietät ein Auseinanderfallen der Stellung des Gläubigers der Hypothek und der gesicherten Forderung nicht zulässt[96] und daher z.B. das treuhänderische Halten von Grundpfandrechten zugunsten anderer Forderungsgläubiger nicht möglich ist. Dies ist letztlich der deutlichste und bedeutsamste Unterschied zwischen akzessorischen und nicht-akzessorischen Grundpfandrechten. Eine besondere Gestaltungsform ist allerdings der security trust, bei dem ein Treuhänder das an sich akzessorische Grundpfandrecht für den oder die Gläubiger einer Forderung hält, was in manchen Rechtsordnungen trotz grundsätzlicher Akzessorietät zu einer Durchbrechung der Zuständigkeitsakzessorietät führen kann.[97]

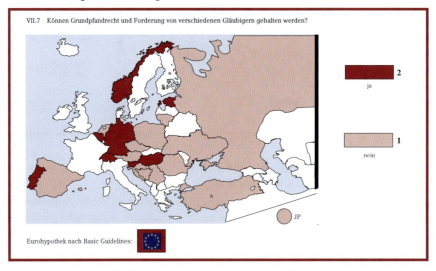

VII.7 Können Grundpfandrecht und Forderung von verschiedenen Gläubigern gehalten werden?

8. Kann eine Bank B zur Sicherung ihres Darlehens das Grundpfandrecht einer anderen Bank A übernehmen, ohne dass dabei die Forderung der Bank A erlischt oder auf die Bank B übertragen werden muss?

Bei Kooperationsmodellen kommt es vor, dass eine Bank B ein Grundpfandrecht von der Bank A übernimmt, um eine Forderung der Bank B zu sichern. Dabei behält die Bank A ihre Forderung, so dass eine Subrogation nicht in Betracht kommt. Dies kommt häufig vor, wenn eine zeitweise Finanzierung oder Zwischenfinanzierung beabsichtigt ist und mit einem Grundpfandrecht abgesichert werden soll, eine langfristige Finanzierung aber schon besteht und weiterlaufen soll.

---

96 Vgl. hierzu C.III.3.
97 Vgl. auch nachfolgend C.VII.10.

Erläuterung der Schaubilder

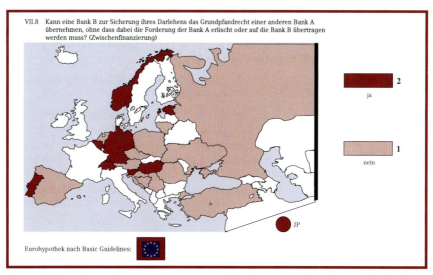

Diese Fallgestaltung kann nur von den nicht-akzessorischen Grundpfandrechten problemlos gemeistert werden.

9. Können durch das für die Bank A als Sicherheit bestellte Grundpfandrecht auch Forderungen der Bank B (mit-) gesichert werden (ohne Übertragung des Grundpfandrechts oder Abtretung der Forderungen)?

Hier soll – z.B. im Rahmen einer Zwischenfinanzierung – die Forderung eines Gläubigers aus einem Darlehen durch ein Grundpfandrecht gesichert werden, das zur Sicherung einer anderen Forderung für einen anderen Gläubiger bestellt worden ist. Diesen Fall können nur Grundpfandrechte lösen, die nicht zuständigkeitsakzessorisch sind.

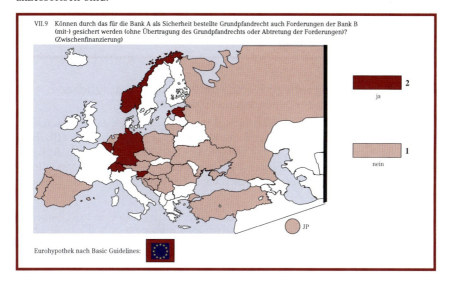

10. Können die Forderungen mehrerer Gläubiger gegen denselben Schuldner dadurch gesichert werden, dass das Grundpfandrecht zugunsten eines Treuhänders bestellt wird, der keine Darlehensforderung hat?

Dieses Treuhand-Grundpfandrecht ist ein in der Praxis wichtiger Sonderfall, der im Grundsatz bereits in Frage 7 untersucht wurde.

Insbesondere bei Konsortialfinanzierungen werden Grundpfandrechte häufig von einem Treuhänder[98] gehalten, der selbst keinen Anteil an der Finanzierung hat. Auf diese Weise kann das spätere Hinzutreten weiterer Finanzierer und der Austausch finanzierender Institute einfach und flexibel abgewickelt werden. Der Treuhänder ist Gläubiger des Grundpfandrechts und vertritt dabei nur die Interessen der Banken, die eine durch dieses treuhänderisch gehaltene Grundpfandrecht gesicherte Forderung tatsächlich haben. Auch diese Funktion können nur Grundpfandrechte erfüllen, die nicht zuständigkeitsakzessorisch sind.

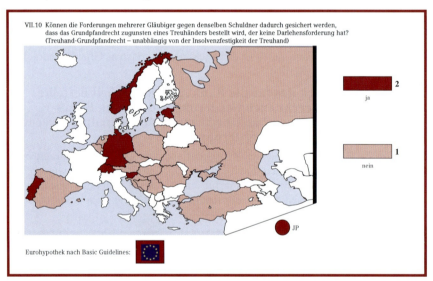

11. Ist eine nachträgliche Konsortialbildung mit dinglicher Besicherung aller Konsorten effizient möglich?

Zur Unterstützung seiner Mitgliedsinstitute hat der vdp über viele Jahre recherchiert, in welchen Ländern Grundpfandrechte nachträgliche Syndizierungen in effizienter Weise erlauben, d.h. unter Kosten- und Zeitaspekten mit vertretbarem Aufwand insbesondere bei großen gewerblichen Finanzierungen.[99] Bei solchen nachträglichen Syndizierungen wird ein großes Darlehen von einer Bank vergeben, die dann eine

---

[98] Diese Frage hier wird unabhängig von der weiteren und sehr komplexen Frage untersucht, ob diese Treuhand den Banken eine insolvenzfeste Rechtsposition in der Insolvenz des Treuhänders gibt.

[99] Vgl. hierzu näher *Stöcker*, Die grundpfandrechtliche Sicherung grenzüberschreitender Immobilienfinanzierungen, WM 2006, S. 1941 ff. (1943 f.).

daraus resultierende Zahlungsforderung in Teilbeträgen an andere Banken verkauft und abtritt. Das Ergebnis: Nur in wenigen Ländern ist eine solche Finanzierungstechnik effizient möglich.

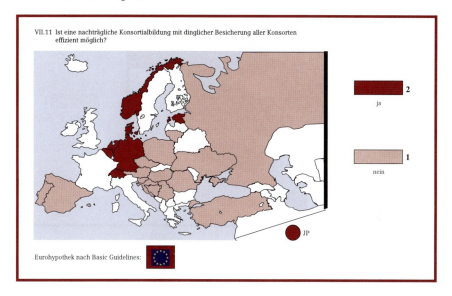

12. Ist eine Umschuldung durch Übernahme der Schuld (bei Zustimmung des Darlehensgläubigers und des Eigentümers) durch einen neuen Schuldner möglich ohne Folgen für den Bestand des Grundpfandrechts?

Auch in der Person des Schuldners der gesicherten Forderung können Veränderungen eintreten. Damit befassen sich die Fragen 12 und 13.

Den Fall der Schuldübernahme können die Grundpfandrechte nahezu aller Länder lösen, ohne ihre Identität zu verlieren, wenn der Gläubiger und der Eigentümer des belasteten Grundstücks mitwirken. Dieser Fall tritt in der Praxis häufig auf, nämlich immer dann, wenn eine mit einem Grundpfandrecht belastete Immobilie verkauft wird und der Erwerber bereit ist, die Belastung zu übernehmen. Dies ist letztlich aber kein Problem der Akzessorietät eines Grundpfandrechtes, da hier die gesicherte Forderung erhalten bleibt und nur im Wege der Schuldübernahme auf einen anderen Schuldner übergeht.

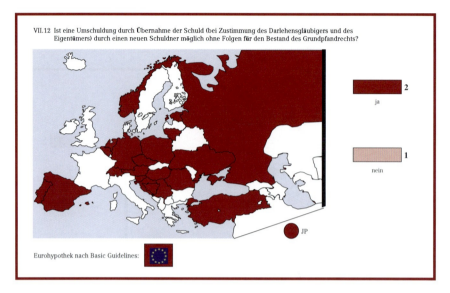

13. Kann bei einer Veräußerung der Immobilie der Erwerber das Grundpfandrecht für einen neuen Kredit nutzen?

Bei dieser Fallgestaltung bleibt die gesicherte Forderung nicht erhalten, sondern erlischt vielmehr. Der Erwerber will den alten Kredit nicht übernehmen, sondern zur Kaufpreiszahlung durch einen neuen Kredit ablösen. Die Grundpfandrechte mit Erlöschensakzessorietät können eine neue Forderung gegen den neuen Eigentümer nicht sichern. Nur Österreich erlaubt in Gestalt der sog. Forderungseinlösung eine Fortsetzung der Höchstbetragshypothek, wenn die alte Forderung zumindest für einen kurzen Moment vom Erwerber mit übernommen wird. Für nicht-akzessorische Grundpfandrechte ist auch dieser Fall unproblematisch.

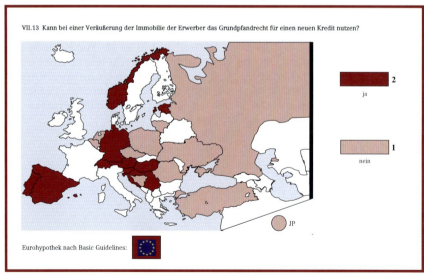

14. Wie kann der Erwerber eines Grundpfandrechtes feststellen, dass der Eigentümer oder der übertragende Inhaber ihm das Grundpfandrecht rechtlich wirksam verschaffen kann?

In der Kreditpraxis haben die in Kapitel C.II. untersuchten Fragen Folgen für die Vorgehensweise, wenn sich der Erwerber eines Grundpfandrechtes über die Berechtigung desjenigen zuverlässig informieren will, von dem er sein Recht erhält. Rechtsordnungen, in denen eine Einsicht in das Grundbuch genügt, haben aus Sicht des Rechtsverkehrs den Vorteil der Effizienz klar für sich. Jegliche zusätzliche Prüfungsanforderung führt zu höherem Aufwand und zu reduzierter Rechtssicherheit. Es sollte jedoch nicht verkannt werden, dass gerade diese geringere Rechtssicherheit einen lukrativen Markt für Anwälte und title insurance companies darstellt. Grundsätzliche Aussagen über dieses Thema sollten daher immer kritisch daraufhin überprüft werden, wer sie macht – und ggf. relativiert werden.

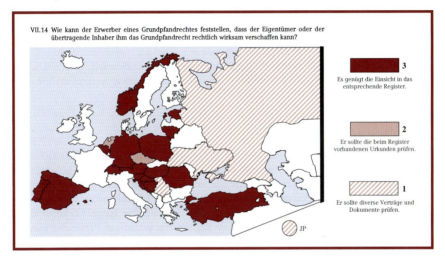

D. Ausblick auf ein Bewertungssystem für die rechtlichen Rahmenbedingungen von Grundpfandrechten in Kontinentaleuropa

Im Folgenden wird dargestellt, warum ein rechtlich orientiertes Bewertungssystem für Grundpfandrechte erforderlich ist und wie es aussehen könnte. Ferner lohnen sich Überlegungen, wie seine Erkenntnisse für die weitere Rechtsentwicklung in Europa genutzt werden könnten.

I. Qualitative Aussage über aktuelle Grundpfandrechte

Zunächst soll dargetan werden, warum ein Bedarf für die Bewertung der Rechtsqualität von Grundpfandrechten besteht und wie er länderübergreifend erfüllt werden könnte.

1. Bedarf

a. Bankrechtliche Risikogewichtung

Stabile Kreditinstitute sind eine wesentliche Voraussetzung für eine funktionsfähige Volkswirtschaft und für eine moderne nationale Wirtschaftsordnung. Der einzelne Staat hat ebenso wie die internationale Gemeinschaft daher ein großes Interesse an der Stabilität des Bankensystems. Folglich schaffen Einzelstaaten und supranationale Organisationen gesetzliche Regelungen oder andere Regelwerke, welche die Stabilität des Bankwesens sicherstellen sollen. Ein wichtiger Pfeiler ist hierbei eine risikosensitive Ausrichtung der Bankaufsicht. Besonders wichtig ist dabei die Festlegung von Grenzen, bis zu welchen Kreditinstitute Risiken übernehmen dürfen. Bei Krediten ist das Risikoprofil u.a. von der Art und der Werthaltigkeit der Kreditsicherheiten abhängig, bei Immobilienkrediten insbesondere von der Qualität der Grundpfandrechte.

Im Jahre 1974 hat eine Gruppe von Zentralbanken und Aufsichtsbehörden der G 10-Staaten[100] den sog. Baseler Ausschuss[101] gegründet, um gemeinsam Mindestanforderungen an die Aufsicht über international tätige Kreditinstitute zu erarbeiten und damit die internationale Finanzmarktstabilität zu fördern. Dieser Ausschuss hat zwar keine Rechtssetzungskompetenz. Seine Empfehlungen haben jedoch einen großen Einfluss auf die nationale Gesetzgebung vieler Staaten der Welt.

---

100 Zur G 10 gehörten damals die folgenden Staaten: Belgien, Bundesrepublik Deutschland, Frankreich, Großbritannien, Italien, Japan, Kanada, Niederlande, Schweden, USA. Mittlerweile sind die folgenden 3 Staaten hinzugekommen: Luxemburg, Schweiz und Spanien.
101 Dieser Name beruht darauf, dass die Geschäftsstelle dieses Ausschusses ihren Sitz in Basel hat.

Im Jahre 1988 hat der Baseler Ausschuss den sog. Eigenkapital-Akkord verabschiedet, **Basel I** genannt. Dieser wurde weitgehend in das EU-Recht übernommen und dann von den Mitgliedstaaten in nationales Recht umgesetzt. Basel I stellte den Grundsatz auf, dass die gewichteten Risikoaktiva eines Kreditinstituts mit insgesamt 8% Eigenkapital zu unterlegen sind. Es wurden dabei Risikogewichtungsklassen von 0, 20, 50 und 100% definiert. Für Hypothekarkredite auf Wohnobjekten galt eine Gewichtung von 50%, gewerbliche Immobilienkredite dagegen waren mit 100% zu gewichten. Die Gewichtungsklassen nach Basel I waren etwas zu pauschal und entsprachen häufig nicht den wahren ökonomischen Risiken.

Basel II hat wesentliche Veränderungen und Verbesserungen gebracht und bietet nunmehr für die Risikobewertung zwei Alternativen an. Der **modifizierte Standardansatz** gibt – wie schon bei Basel I – pauschale Gewichtungsklassen vor; diese Gewichtung erfolgt entweder durch Gesetz oder durch externe Bonitätsbeurteilungen der Kreditnehmer durch eine Ratingagentur. Auf Kreditnehmer zugeschnittene externe Ratingverfahren sind für Hypothekarkredite grundsätzlich nicht geeignet. Zum einen müsste hierbei eine Objektbeurteilung vorgenommen werden können. Zum anderen hat man die private Wohnungsbaufinanzierung dem Retail-Segment zugeordnet, für das externe Ratings nicht verfügbar sind. Folglich existieren die erforderlichen objektbezogenen externen Ratings überhaupt nicht. Deshalb können für Hypothekarkredite nur gesetzlich festgelegte Gewichtungsklassen herangezogen werden. Für Hypothekarkredite auf Wohnimmobilien ist eine Gewichtung von 35% vorgesehen, so dass nur 2,8% Eigenkapital erforderlich sind. Hypothekarkredite auf Büros und vielseitig nutzbaren Geschäftsgebäuden können unter bestimmten Voraussetzungen mit 50% gewichtet werden.

Der interne Ratingansatz[102] bestimmt das Risikogewicht durch eine Kombination der folgenden Faktoren: Ausfallwahrscheinlichkeit (Probability of Default, PD), Verlust bei Ausfall (Loss Given Default, LGD), Restlaufzeit des Kredits (Maturity, M) und Höhe des Kredits bei Ausfall (Exposure At Default, EAD). Beim Basis-Rating-Ansatz werden u.a. die LGD-Quoten von der Aufsichtsbehörde festgelegt. Im **fortgeschrittenen Rating-Ansatz** werden sie vom einzelnen Kreditinstitut selbst bestimmt. Zur Bestimmung der LGD-Quote durch das Kreditinstitut ist der voraussichtliche Wert der Sicherheit im Verwertungsfall maßgeblich.[103] Die Quote drückt das Verhältnis aus zwischen dem Verlust der Bank nach Verwertung der dinglichen Sicherheit und den in Verzug[104] befindlichen Krediten.

Für Banken in Europa ist maßgeblich, wie Basel II in europäisches Recht und dann wiederum in nationales Recht umgesetzt worden ist. Die hier einschlägige EU-Bankenrichtlinie[105] bestimmt in Anhang VI Nummer 48. c) und Nummer 54. c),

---

102 Der interne Ratingansatz wird häufig auch IRB-Ansatz (Internal Rating Based-Ansatz) genannt.
103 Vgl. hierzu die Darstellung von *Trotz*, Aspekte der Bewertung: Rating, Securitisation und Standardisierung, Immobilien & Finanzierung 2004, I&F 2004, S. 78 f.
104 Verzug wird definiert als Leistungsrückstände von mehr als 90 Tagen.
105 Richtlinie 2006/48/EG des Europäischen Parlaments und des Rates vom 14. Juni 2006 über die Aufnahme und Ausübung der Tätigkeit der Kreditinstitute, Amtsblatt der Europäischen Union vom 30.6.2006, L 177/1 ff.

jeweils in Verbindung mit Anhang VIII Teil 2 Nummer 8,[106] dass eine Eigenkapitalerleichterung für grundpfandrechtlich gesicherte Darlehen nur möglich ist, wenn das Grundpfandrecht durchsetzbar ist und diese Durchsetzbarkeit rechtlich überprüft ist. Zudem muss das Kreditinstitut in der Lage sein, bei Eintritt des Sicherungsfalles den Wert des Grundpfandrechts in angemessener Zeit realisieren zu können.[107] Diese Anforderungen gelten sowohl für den Standardansatz als auch für die internen Ratingansätze.

Für Banken, die in mehreren Ländern tätig sind, und erst recht für internationale Bankenkonzerne bedeutet dies, dass sie die Kreditsicherheiten einer Risikoanalyse unterziehen müssen, die sie zur Risikominderung und damit zur Reduzierung der Eigenkapital-Unterlegung verwenden. Um die verschiedenen Immobiliarsicherheiten in ein einheitliches Risikomesssystem zu bringen, erscheint eine Bewertungssystematik erstrebenswert, mit deren Hilfe die Kreditsicherheiten länderübergreifend beurteilt werden können.

Soweit ersichtlich, wurde ein solches Bewertungssystem für Grundpfandrechte bisher nicht öffentlich diskutiert. Lediglich die Ratingagentur Moody's hat im Jahre 2005 eine Übersicht herausgegeben, in der sie die Erlösquoten für mehrere europäische Länder („key jurisdictions") geschätzt hat – und zwar weitgehend auf der Basis einer Kurzanalyse des Rechtsrahmens und weniger auf der Grundlage statistischer Daten, da solche nicht ausreichend zugänglich waren (und sind).[108] Die so entstandene Einteilung ist zwar sehr vereinfachend, zeigt jedoch immerhin die Nützlichkeit einer rechtsvergleichenden Analyse, insbesondere, wenn statistische Daten fehlen. Diese Erkenntnis sollte bei weiteren Überlegungen für ein rechtliches Bewertungssystem berücksichtigt werden.

b. EBRD

Ende 2007 hat die European Bank for Reconstruction and Development (EBRD) eine Studie über „Mortgages in transition economies" veröffentlicht, in der die Effizienz der Hypothekenrechtssysteme in Mittel- und Osteuropa untersucht wird. Ein solcher Versuch ist zwar grundsätzlich zu begrüßen. Die EBRD-Studie zeigt den dringenden Bedarf für wertende Aussagen über die Grundpfandrechte in Europa.

---

106 Bankenrichtlinie, Anhang VIII Teil 2 Nummer 8: „Immobiliensicherheiten können nur unter folgenden Voraussetzungen anerkannt werden: a) Rechtssicherheit – Die Hypothek oder das Sicherungspfandrecht müssen in allen zum Zeitpunkt des Kreditvertragsschlusses relevanten Rechtsordnungen durchsetzbar sein und ordnungsgemäß und rechtzeitig registriert werden. Das in den Vereinbarungen festgelegte Pfandrecht muss wirksam sein (d.h. alle rechtlichen Anforderungen zum Nachweis des Pfands müssen erfüllt sein). Die Sicherheitenvereinbarung und das ihr zugrunde liegende rechtliche Verfahren müssen das Kreditinstitut in die Lage versetzen, die Sicherheit innerhalb eines angemessenen Zeitraums zu verwerten. b) Überprüfung des Immobilienwerts …"
107 Zur Umsetzung dieser Anforderungen in das deutsche Bankaufsichtsrecht vgl. *Marburger*, Gewichtung von Hypothekarkrediten nach neuer Solvabilitätsverordnung, I&F 2007, S. 128 f.; *Glos/Sester*, Rechtliche Anforderungen an die Berücksichtigung von Kreditsicherheiten im Rahmen der SolvV, BKR 2008, S. 315 ff. (319 f.).
108 Vgl. Moody's European Country Tiering for CMBS Recovery Rate Assumptions: Focus on Key Jurisdictions.

Die Art und Weise der von der EBRD praktizierten Durchführung ihrer Erhebungen begegnet jedoch tief greifenden Bedenken – sowohl im Hinblick auf die Methodologie als auch auf die Informationen zu den einzelnen Ländern. Die Polnische Stiftung für den Hypothekarkredit hat diese Studie eingehend geprüft und daraufhin eine kritische Stellungnahme verfasst und mittlerweile veröffentlicht[109].

Die am Runden Tisch beteiligten Experten haben im Workshop V auf dieser Grundlage eine kurze Stellungnahme in englischer Sprache formuliert. Darin wird sowohl die Systematik als auch die Vorgehensweise der EBRD-Studie kritisch hinterfragt. Sie soll im Folgenden wiedergegeben werden.

21.10.2008

The EBRD's comparative report on mortgage law in transition economies – an innovative but failed attempt to compare real estate collateral in different jurisdictions

In January 2008, the European Bank for Reconstruction and Development (EBRD) published a survey "Mortgages in transition economies. The legal framework for mortgages and mortgage securities".

The report analyses mortgages as loan security of 17 countries of Central and Eastern Europe, Central Asia and the Caucasus region, where the EBRD is operating. More precisely, information is provided for all countries on a cross-section basis, covering the creation of the mortgage, enforcement, costs etc. The research concludes with a comparative evaluation of the mortgage law systems in the different jurisdictions by four big items: creation of the mortgage, commercial effectiveness, effect of the security on third parties and enforcement of the mortgage. This approach is used by the EBRD to finally derive a general grading of the mortgage collateral system in each jurisdiction covered by the report.

Unfortunately, and probably almost unavoidable for such a first attempt, the survey suffers from methodological deficiencies that make it improper for such conclusions. This is all the more regrettable, as under the Basel II regime, banks using the advanced approach have to analyse and rate their loan securities in other countries and have to decide on the comfort their collateral enjoys by the respective national jurisdictions. Comparative information on collateral systems is urgently desired but almost unavailable.

No common benchmark

As a general principle of research, any analysis of different markets or countries is only valuable if it is done for each topic – market, country – with the same benchmarks, at the same point in time, posing questions to comparable target groups, which have a similar degree of representativeness.

Unfortunately, much to our regret, the EBRD report does not meet these requirements. The research for the report has been mainly conducted through interviews with experts in the different countries. They had to give answers to different questions, some of them rather specific (e.g. "Can a mortgage be granted by any

---

109 Drewicz-Tułodziecka/Mortgage Credit Foundation, The expert opinion and position of the Mortgage Credit Foundation on the EBRD Report, 2008.

person?"), but others – and those most important for assessment – rather in the form of general assumptions (e.g. "Is creation of the mortgage simple?"; "Is creation of the mortgage rapid?"). For such assumptions where the answers can strongly depend on personal estimate, of course a broad and representative selection of interview partners would be a prerequisite to give the answers any assessable value.

Missing homogeneity of information providers

Furthermore, the number of interview partners differs greatly between the countries: In some countries, more than 15 interview partners were approached. In other countries, it goes down to three and in one case even to only one interview partner.

Moreover, the composition of interview partners differs strongly between the countries assessed: Sometimes, many of them are from ministries or public authorities, in other countries it is only solicitors and bank experts. Sometimes, emphasis is on real estate developers. A government official that has participated in the legal reforms may have a different opinion of the efficiency of the law he contributed to draft than a bank lawyer or a solicitor who are dealing with it and experiencing its down-sides. It is not consistent to approach e.g. ministries in country A and solicitors in country B. This makes answers incomparable.

Assumptions based conclusions

Many of the questions were only about general assumptions: "Is creation of the mortgage simple?"; "Is enforcement procedure simple?"; "Is the manner of creation/enforcement of mortgage clearly established?". To answer those questions, an interview partner would need a benchmark to know what is considered simple or clearly established. But such criteria were not provided. At the end, interview partners could only express their personal assessment, which was not based on a comparative scale but on a scale of their general experience. As a consequence of the lack of benchmarks, personal attitudes and coincidental experiences heavily influenced the answers, challenging the report's conclusions at that respect.

Missing and misleading country specific information

Furthermore, country-specific information appears repeatedly wrong, misleading or incomplete. While the report is addressing, for some countries, very recent legal changes, the present legal situation of other counties is ignored. For example, the conclusions for Poland do not reflect the legal changes introduced over the last four years (see expert opinion of the Polish Mortgage Foundation to the EBRD report).

Thus, responses appear to have been collected at different points in time.

Unbalance of interests

It is one of the most important functions of law to reconcile and balance the different interests involved in such a way that all sides and parties may feel fairly treated and will submit to the law. This principle also applies to mortgage law, which has to balance the interests of the different parties involved: the bank or another mortgage creditor, the owner and debtor, but also third parties that could have an interest in the property or could want to acquire it.

The EBRD report primarily focuses on a first ranking long term residential real estate financing bank and on speed of processes. Of course, mortgage law must provide the mortgage creditor with an efficient instrument allowing him to enforce his claims, but the report even gives recommendations that all other interests should be less respected in legislation. For instance, it is recommended that with registration of a mortgage, no legal checks should be done (p. 21). This would only be time consuming and the mortgage debtor himself would know his position anyway. This opinion does not take into consideration the interest of third parties, who could also be interested to acquire a right on the property at a later point in time and who shall have the advantage of legal certainty.

Consumer/owner protection unconsidered

As another consequence of the above, the EBRD report does not appreciate the interests of the mortgage debtor/property owner who needs protection during enforcement procedures. Therefore, the EBRD report subordinates consumer protection to rapidness of processes. Such approach represents a considerable gap of the research report as it particularly ignores the latest policy initiatives of the European Union which are included in the White Paper on Mortgage Credit. The recent financial crisis demonstrates the importance of consumer protection mechanisms in favour of owner occupiers/mortgage debtors.

Lack of analysing the full impact of legal processes

To only emphasise on the time needed to register a mortgage appears inappropriate if the effects of the registration for the mortgage creditor's legal position are ignored. A comparison of the French and German law makes this obvious: In France, a mortgage comes into existence with the contract already – but only between the contracting parties; towards third parties including insolvency of the owner of the mortgaged real estate, the mortgage achieves effect only with the accomplishment of the registration. In Germany, the real estate collateral needs to be registered in order to exist; but the rank including the insolvency protection are safeguarded from the moment, when the application for registration is arriving at the land register in civil court. So, the question should be, how fast it is possible to achieve legal protection of the mortgage collateral.

Non-accessoriness undervalued

It is surprising that the aspect of accessoriness of mortgages was undervalued, although its complexity needs a differentiating approach. Obviously, the EBRD report is emphasising on the rapidness of a mortgage constitution/registration, while the legal certainty of the transaction is not sufficiently taken into account. If this intention prevails, accessoriness of the mortgage might appear as irrelevant. However, it is difficult to conceive that research on efficiency of mortgage collateral systems ignores the challenges at stake linked to the accessoriness of mortgage securities. Any dogmatically consistent approach would require a certain number of exceptions from the principle of accessoriness of mortgage securities in order to ensure flexibility and efficiency of this instrument. A contractual solution could offer an appropriate compromise to merge all interests involved.

Subordinated mortgages ignored

The EBRD report does not take into consideration the interests of the owner to use free parts of his property, of third parties to take security and of the economic importance to have as much collateral disposable as possible. The EBRD survey does only regard the perspective of the first ranking mortgage (p. 17).

Legal certainty of the transfer of repossessed properties disregarded

As another example, enforcement of the mortgage is seen only under the aspect of rapidness. Consequently, legal certainty of the transfer in enforcement is not even considered. However, for a purchaser in enforcement it is most important to know that the purchase is valid and free from disputes by the former owner – something that in enforcement procedures is not unlikely to happen. Such uncertainty may of course lead to lower bids. Without this interest in mind, the survey favours particularly any kind of out-of-court or privately driven enforcement procedure, not regarding that many jurisdictions in enforcement law stress the legal certainty of the transfer (pp. 25, 28, 29).

Missing approach to law as an integrated system

When comparing legal systems, efficiency can only be compared by the effects of the solutions but not by the path used to achieve the solutions. In most cases, different jurisdictions come to the same results, but they may have gone rather different ways through different fields of law and used different instruments to achieve it. The EBRD survey stresses that practical effects should be the benchmark (p. 9), but then often legal issues are compared without taking into consideration that the law may offer other solutions.

The report concludes that the registration of a mortgage should be as easy as possible and without legal checks by the register office (p. 22). However, it does not take into account that many countries have a kind of two-tier system where the ranking of a mortgage can be secured by a kind of pre-entry, and the final registration is done later on after legal examination by the register office. These systems are different and of different reliability, but they can not be ignored.

Although being aware of the cross-linking of different legal areas, the report disregards that mortgage law is completely embedded in credit law, land law, enforcement law and insolvency law. Generally, any future survey should try to analyse laws more as a system, evaluating not only single aspects and doctrines but the responses of the legal system to the different interests of the parties: In text passages of the report, this is aspired (e.g. pp. 26-28) but not reflected in the regional survey.

c. Weißbuch

Das Weißbuch zum Hypothekarkredit zielt auf die Steigerung der Effizienz des Hypothekengeschäfts ab. Dazu befasst es sich auch mit der Verfahrensdauer für

Registereintragungen und Zwangsvollstreckungen.[110] Hierbei wird der Schutz des Eigentümers bzw. Verbrauchers nicht berücksichtigt. Dies ist umso erstaunlicher, als das Weißbuch im Übrigen vorrangig Themen des Verbraucherschutzes aufgreift. Mittlerweile hat die EU-Kommission die Arbeiten an einer Empfehlung zu dieser Thematik der Verfahrensdauern begonnen.

2. Wie könnte ein Bewertungssystem für Grundpfandrechte aufgebaut sein?

Die verschiedenen Schaubilder enthalten viele Fragen zu vielen Ländern. Um eine rechtsvergleichende Aussage im Sinne einer Bewertung zu erhalten, wäre es vorteilhaft, am Ende des Bewertungsvorganges pro Land eine einzige Bewertungskennzahl zu erzielen.

Hierfür müssten die rechtlichen Aussagen der Schaubilder in ein Punktesystem gebracht werden. Dazu sollten zum einen die diversen Antworten der einzelnen Schaubilder gewichtet[111] werden – aber ebenso auch die einzelnen Fragen untereinander.

Die Gewichtung der Fragen orientiert sich an der Bedeutung einer Frage für das Gesamturteil, also danach, wie wichtig die einzelne Frage unter ausgewogener Berücksichtigung der verschiedenen zu berücksichtigenden Interessen ist (Bankrisiko, Kreditkosten, Verbraucher- und Eigentümerschutz etc.). Die Gewichtung der Antworten auf eine Frage hängt davon ab, wie gut oder schlecht die einzelnen Antworten sind – auch dies ist wiederum vom Standpunkt unterschiedlicher Interessen zu beurteilen.

Diejenigen Fragen und Antworten, die als neutral oder gleichwertig beurteilt werden können, könnten mit 0 gewichtet werden oder gleiche Punktzahlen erhalten. Aus der Serie der Schaubilder sollten sie allerdings nicht entfernt werden, da sie zum Verständnis der rechtlichen Zusammenhänge durchaus wichtig sein können.

Am Ende könnten die Gewichtungskennzahlen pro Land addiert werden, um so die Bewertungskennzahl zu erhalten – und diese dann mit den Bewertungskennzahlen der anderen Länder zu vergleichen.

Solche Verfahren der Quantifizierung von Qualität sind gegenwärtig in vielen Bereichen zur Errichtung von Rankings sehr üblich. Wenn man bei ihrer Durchführung möglichst sorgfältig und mit diversifizierter Gewichtung vorgeht, sind einigermaßen nützliche Aussagen möglich. Verabsolutieren sollte man aber solche Ergebnisse nicht, dazu hat die Quantifizierung von Qualität zu viele grundsätzliche Schwächen. Vor allem empfiehlt sich bei Entscheidungen über Finanzierungen keine schematische Übernahme ohne pragmatische Rückbesinnung auf die Besonderheiten des Einzelfalls.

---

110 Kommission der Europäischen Gemeinschaften, Weißbuch über die Integration der EU-Hypothekarkreditmärkte, Brüssel, 18.12.2007, 4.2.
111 Zur Klarstellung: Die in den hier vorliegenden Schaubildern genannten Zahlen stellen keine Bewertungskennzahlen dar, sondern dienen nur der Zuordnung der Antwort-Varianten zu den einzelnen Ländern im Verfahren der Beantwortung der Fragen.

3. Geschäftsmodell und -struktur maßgeblich

Abstrakt-theoretische Urteile über „das Hypothekenrecht" eines Landes sind für Zwecke der Risikobeurteilung durch Banken problematisch, da alle Rechtsordnungen viele Varianten hypothekarischer Sicherung zulassen und die meisten auch mehrere Arten von Grundpfandrechten zur Verfügung stellen. Jegliche Simplifizierung wird deshalb unweigerlich zu einer groben Verfälschung.

Zielkonformer ist es vielmehr, die Sicherungsqualität von Grundpfandrechten im Hinblick auf konkrete Sicherungsqualität von Geschäftsmodellen und konkrete Geschäftsstrukturen zu untersuchen, weil ihre Besonderheiten bedeutsame Folgen für die Vertrags- und Sicherheitenstruktur haben. Diese Geschäftsmodelle können bei jeder Bank anders sein. Anhand dieser Geschäftsmodelle sind dann die Schaubilder auszuwählen, die im Einzelfall tatsächlich relevant sind – und dies gilt ebenso für die einzelnen Antworten zu den verschiedenen Schaubildern.

Dieser institutsspezifische Ansatz entspricht der Zielrichtung von Basel II, wo eine qualitativ hoch stehende Aufsicht angestrebt wird, die auf die spezifischen Geschäftsstrukturen einer Bank konkret abstellt. Ein dieser Orientierung entsprechendes Bewertungssystem für Grundpfandrechte trifft die Risikolage von Grundpfandrechten, die von einer Bank tatsächlich genutzt werden, wesentlich besser als eine abstrakt-theoretische Querschnittsbeurteilung über viele Länder hinweg, die naturgemäß ungenau und oberflächlich bleiben muss.

Beispiel: Bei gewerblichen Finanzierungen über Objektgesellschaften

- spielen Vorrechte für Arbeitnehmer keine Rolle, bei direkten Unternehmensfinanzierungen und vor allem bei Betriebsmittelkrediten aber sehr wohl;
- können Vorrechte für Unterhaltsberechtigte außer Acht gelassen werden, bei der privaten Wohnungsfinanzierung dagegen nicht.

Daher können also beim Geschäftsmodell der gewerblichen Immobilienfinanzierung über Objektgesellschaften derartige Vorrechte auch in Ländern unberücksichtigt bleiben, die an sich solche Vorrechte in Vollstreckung und Insolvenz kennen.

4. Unterschiedliche Blickwinkel

Neben der Beurteilung der Grundpfandrechte aus der Sicht von Banken, also der Gläubiger von Grundpfandrechten, sollten jedoch auch andere Blickwinkel berücksichtigt werden, nämlich derjenige eines Schuldners/Eigentümers, dessen Schutz vor unberechtigter Vollstreckung in einem Vollstreckungsverfahren Aufmerksamkeit verdient, sowie derjenige eines Gesetzgebers, der ein ausgewogenes Gesamtsystem schaffen und dabei durchaus Prioritäten setzen muss.

Die Beurteilung der rechtlichen Qualität von Grundpfandrechten aus diesen unterschiedlichen Blickwinkeln führt bei Fragen und Antworten zum Teil zu anderen Prioritäten als bei der Betrachtung allein aus der Sicht einer Bank. Aber selbst für eine Bank haben die Fragen eine unterschiedliche Bedeutung, je nachdem ob sie nur die Verwertbarkeit eines bereits existierenden Grundpfandrechts untersucht oder ob sie auch beurteilen möchte, inwieweit ein Grundpfandrecht zur Sicherung einer im Markt durchsetzungsfähigen Kreditstruktur herangezogen werden soll und kann.

Der vdp empfiehlt in seiner Beratungstätigkeit seit langem, ein ausgewogenes Gesamtsystem anzustreben, weil nur auf diese Weise langfristig ein stabiler Rechtsrahmen entstehen kann. Regelungen, die den Gläubiger eines Grundpfandrechtes einseitig stark begünstigen, laufen Gefahr, früher oder später durch die Rechtsprechung oder durch den Gesetzgeber korrigiert zu werden. Sie sind letztlich auch zur Wahrung langfristiger Marktchancen ungeeignet.

II. Leitlinien für gesetzliche Verbesserungen

Zum Abschluss dieser Darstellung bleibt zu überlegen, wie die Erkenntnisse aus den Schaubildern für die weitere Rechtsentwicklung in Europa genutzt werden könnten.

1. Modell-Grundpfandrecht für die Modernisierung der nationalen Gesetze

Bei Gesetzgebungsarbeiten ist auch heute jeder moderne Gesetzgeber gut beraten, sich gesetzgeberische Ideen aus anderen Ländern nutzbar zu machen – oder zumindest seine Vorstellungen mit denjenigen anderer Rechtsordnungen zu vergleichen. Besonders deutlich wird das Gewicht der Rechtsvergleichung in der modernen Gesetzgebung bei den tief greifenden Rechtsreformen in Mittel- und Osteuropa, welche die Zivilrechtsordnungen auf den Prüfstand gestellt haben und z.T. immer noch stellen. Rechtsvergleichende Arbeiten zu Grundpfandrechten sind nur wenige verfügbar. Daher ist jede Darstellung von Interesse, welche die rechtliche Qualität von Grundpfandrechten in mehreren Ländern analysiert.

Der frühere Versuch, ein Modell-Grundpfandrecht zu entwickeln[112], kann nun anhand der detaillierten Aussagen der hier vorliegenden Schaubilder fortentwickelt werden. Der nationale Gesetzgeber kann bei der Ausgestaltung des Rechtsrahmens seiner Grundpfandrechte die auf nationaler Ebene zu entscheidenden Prioritäten leichter identifizieren und sich über die Prioritätensetzungen anderer Länder zielgerichtet informieren.

2. Harmonisierung?

Ob ein ökonomischer Bedarf für eine Harmonisierung der Grundpfandrechte in Europa besteht, wurde bisher offenbar nie wissenschaftlich fundiert untersucht.[113]

Es ist verwunderlich, dass sich die Ökonomen dieses faszinierenden Themas bisher nicht oder jedenfalls nicht mit vollem wissenschaftlichem Tiefgang angenommen haben. Zwar gibt es bereits einige ökonomische Untersuchungen, die „errechnen", welche Kosten die generellen Rechtsunterschiede in Europa verursachen. *Kircher*[114] weist auf einige Modellrechnungen hin, die jedoch auf vielen hypothetischen Faktoren beruhen. Für den speziellen Fall der Grundpfandrechte sind ähnliche, einigermaßen vertiefte Analysen bisher nicht veröffentlicht. Den Juristen

---

112 Siehe sogleich unter 3.
113 Vgl. hierzu *Stöcker*, Die Eurohypothek – Struktur einer ökonomischen Analyse, Immobilien & Finanzierung 2005, S. 766 ff.
114 S. 379 ff.

unter den Autoren kann dies nicht zum Vorwurf gemacht werden. Vielmehr wäre es sehr wünschenswert, dass sich Ökonomen dieser Thematik annehmen würden, ggf. in Kooperation mit Juristen.

Es ist allerdings auch möglich, die Notwendigkeit einer Eurohypothek auf juristische Argumente zu stützen.[115] Die Workshops, die der vdp zum Thema der Eurohypothek 2004/2005 in Berlin durchgeführt hat[116], haben zwar deutlich gemacht, dass eine Harmonisierung der Grundpfandrechte nicht erforderlich ist, wenn eine einzige Bank einem Kunden ein Darlehen gibt, das durch ein Grundpfandrecht an einer Immobilie gesichert wird – und sich während der gesamten Laufzeit des Darlehens daran nichts ändert. Allerdings wird diese einfache Struktur immer mehr zur Ausnahme. Denn Immobilieninvestitionen sind und bleiben ihrer Natur nach langfristig, weil das Kapital für ihre Finanzierung nur über lange Zeiträume zurückgeführt werden kann. Die Zyklen wirtschaftlicher Veränderungen, die sich auch in den Finanzierungsstrukturen niederschlagen, werden aber im gewerblichen wie im privaten Bereich immer kürzer.

Heute werden grundpfandrechtlich gesicherte Darlehen geändert, abgelöst, anfänglich und nachträglich syndiziert, abgetreten, verbrieft, durch mehrere Objekte gesichert, geteilt und teilweise verkauft. Maßnahmen der Refinanzierung, der Eigenkapitaloptimierung, der Risikosteuerung und der Diversifikation machen es heute zunehmend erforderlich, große Portfolios von Hypothekendarlehen zu übertragen.

Sobald die gesicherte Darlehensforderung von irgendeiner Änderung der Finanzierung berührt ist, stellt sich sofort die Frage, welche Rechtsfolgen sich daraus für das Grundpfandrecht ergeben. Wenn die Änderung darin besteht, dass die gesicherte Forderung durch eine neue Forderung ersetzt wird (Novation), so hat dies bei einer akzessorischen Hypothek grundsätzlich zur Folge, dass die alte Hypothek untergeht und zur Sicherung der neuen Forderung eine neue Hypothek bestellt werden muss. Dies löst Kosten und Gebühren aus, u.U. einen Rangverlust, und bedarf häufig eines hohen Zeitaufwands.

Viele nationale Rechtsordnungen bieten Lösungen für einige dieser rechtlichen Probleme an, häufig allerdings nur für spezielle Strukturen.[117] Generell zeigt sich eine Tendenz zur Abschwächung der strengen Akzessorietät[118], jedoch sehr uneinheitlich für einzelne Fallgruppen, die jeweils unterschiedlich zugeschnitten sind.

---

115 *Kircher*, S. 387; *Kiesgen*, S. 27 f., verweist auf die zusätzlichen Transaktionskosten, die sich durch Rechtsunterschiede ergeben.

116 Vgl. hierzu sogleich unter 3.a.

117 In Frankreich wurden mehrfach Spezialbestimmungen für die Übertragung von Hypotheken geschaffen, die jedoch jeweils nur für die dort geregelten Sonderfälle gelten; vgl. hierzu *Kircher*, S. 241 ff.; *Stöcker*, Die Eurohypothek, S. 108 ff. Derartige Sonderbestimmungen wurden in mehreren europäischen Ländern erlassen, um die Verbriefung von Hypothekarkrediten zu erleichtern, so z.B. neben Frankreich auch in Belgien, Italien und Spanien, also gerade dort, wo die Übertragung von Hypotheken zu Refinanzierungszwecken nach den allgemeinen Vorschriften nur unter großem Aufwand machbar ist.

118 Zu dieser Tendenz zur Nicht-Akzessorietät vgl. bereits *Stürner*, Das Grundpfandrecht zwischen Akzessorietät und Abstraktheit und die europäische Zukunft, Festschrift für Rolf Serick, 1992, S. 377 ff.; nunmehr *Baur/Stürner*, Sachenrecht, 18. Aufl. 2009, § 64 Rn. 14, 43, 60, 76 ff., 85.

All diese Lösungen sind konstruktiv schon schwierig genug auf nationaler Ebene, aber nahezu unüberschaubar bei grenzüberschreitenden Fällen.[119] Daher sollte ein einheitliches Grundpfandrecht nicht auf bestimmte einzelne Finanzierungsstrukturen zugeschnitten sein, sondern als generelles Kreditsicherungsinstrument so flexibel konstruiert werden, dass es allen Finanzierungsusancen dienen und auch für Kreditstrukturen der Zukunft herangezogen werden kann.

3. Eurohypothek

Einer der Vorschläge zur Erleichterung des grenzüberschreitenden Kreditgeschäfts besteht darin, ein Immobiliarkreditsicherungsinstrument zu schaffen, das zusätzlich zu den bestehenden nationalen Grundpfandrechten in allen EU-Staaten einheitlich gelten sowie flexibel und effizient für alle Immobilienfinanzierungstransaktionen einsetzbar sein soll. Auf der Grundlage der unterschiedlichen europäischen Rechtstraditionen moderne Instrumente für das europaweite grenzüberschreitende Geschäft bereit zu stellen, ist keine grundsätzlich neue Idee, auch nicht im Bereich des Immobilienrechts. Selbst wenn man den Gedanken an ein EU-einheitliches optionales Grundpfandrecht als verfrüht betrachten wollte, machen Arbeiten an einem derartigen Institut doch auch selbst dann Sinn, falls vorläufig nur ein Modell entsteht, an dem sich nationale Gesetzgeber der Mitgliedstaaten orientieren. Im Folgenden werden die wichtigsten Meilensteine auf dem Weg zur Konkretisierung der Idee einer Eurohypothek vorgestellt.

a. Bisher veröffentlichte Vorschläge und Arbeiten

Bereits im Jahre 1966 hat der sog. **Segré-Bericht** der damaligen EWG-Kommission vorgeschlagen, zur Integration der europäischen Kapitalmärkte ein flexibles Grundpfandrecht – ähnlich der deutschen Grundschuld – in allen Mitgliedstaaten einzuführen.[120] Die Forschungsarbeiten hierzu wurden aufgenommen, dann aber abgebrochen, da man mittlerweile meinte, mit dem Konzept der gegenseitigen Anerkennung von Finanzierungstechniken schneller weiterzukommen. Dies stellte sich im Hinblick auf das Immobilienrecht jedoch als nicht richtig heraus.

Im Jahre 1987 hat die Internationale Union des Lateinischen Notariats angeregt, nach dem Beispiel des Schweizer Schuldbriefs eine europaweit einheitliche „**Euro-**

---

119 Dies wird deutlich an folgendem praktischen Beispiel: Das französische Recht für „obligations foncières" regelt, dass Hypotheken ohne Einhaltung der allgemeinen zivilrechtlichen Bestimmungen von der Mutterbank (originator) auf die hochspezialisierte Hypothekenbank-Tochter übertragen werden können, die dann auf dieser Grundlage die französischen Covered Bonds emittiert. Dies kann allerdings nur für französische Hypotheken gelten, da der französische Gesetzgeber nicht das ausländische Hypotheken- und Grundbuchrecht mit dinglicher Wirkung ändern kann. Das Auslandshypothekenkreditportfolio kann daher nicht in gleichermaßen effizienter Weise über obligations foncières refinanziert werden. Anders ist dies beim deutschen Refinanzierungsregister, das nur eine insolvenzrechtliche Zuordnung regelt, die sachenrechtliche Zuordnung jedoch nicht berührt; vgl. *Stöcker*, Bankrechts-Handbuch, § 86a, Rn. 102 ff.
120 Zu diesen Anregungen des Segré-Berichts vgl. *Kircher*, S. 418 f. und S. 442 ff.; *Kiesgen*, S. 38; *Stöcker*, Die Eurohypothek, 216 ff.

hypothek" zu schaffen, die zusätzlich zu den bereits existierenden Grundpfandrechten verfügbar sein soll.[121]

Diesem Thema haben sich in mehreren europäischen Ländern Wissenschaftler und in den vergangenen Jahren auch immer mehr Praktiker gewidmet. Federführend hat sich an diesen Arbeiten der vdp beteiligt, auch um für die im Jahre 1992 gestartete Beratungstätigkeit in den mittel- und osteuropäischen Reformländern zur Reform des Hypothekarkreditwesens ein Muster einer Grundpfandrechtsregelung zu formulieren. Daher hat der vdp eine Arbeitsgruppe aus Wissenschaftlern, Notaren und Bankjuristen einberufen, die „**Leitlinien** für ein nicht-akzessorisches Grundpfandrecht für Mitteleuropa" erarbeitet und veröffentlicht haben.[122]

Diese Leitlinien wiederum wurden im Jahre 2004 zur Arbeitsgrundlage der in Spanien initiierten europaweiten Expertengruppe „**The Eurohypothec**".[123] Hier wurden die Leitlinien des vdp überarbeitet und als „guidelines" in englischer Sprache ausformuliert.

Ende 2004 hat die von der EU-Kommission eingesetzte „**Forum Group on Mortgage Credit**"[124] die Schaffung einer Eurohypothek in ihre Empfehlungen aufgenommen.[125] Dadurch hielt die Idee der Eurohypothek Eingang bei der EU-Kommission.

---

121 Zu diesem Vorschlag der UINL vgl. insbesondere *Wehrens*, ÖNotZ 1988, S. 181 ff.; *Wehrens*, WM 1992, S. 557 ff.; *Wehrens*, Real Security Regarding Immovable Objects – Reflection on a Euro-Mortgage, in: Towards a European Civil Code, 1998, S. 551 ff.; *Kircher*, S. 481–506; *Kiesgen*, S. 40 f.; *Stöcker*, Die Eurohypothek, S. 228 ff.; *Wachter*, Die Eurohypothek – Grenzüberschreitende Kreditsicherung an Grundstücken im Europäischen Binnenmarkt, WM 1999, S. 49 ff.
122 *Wolfsteiner/Stöcker*, Nicht-akzessorisches Grundpfand für Mitteleuropa, ZBB 1998, S. 264 ff., und DNotZ 1999, S. 451 ff. (in englischer Übersetzung – A non-accessory Security Right over Real Property for Central Europe – erschienen in Notarius International 2003, S. 116 ff.). Der Text ist auch abgedruckt bei *Staudinger/Wolfsteiner* (2002), Vorbemerkung 241 ff. zu § 1191 ff.
123 Vgl. hierzu die Website dieser Expertengruppe: www.eurohypothec.com. Dort findet sich eine Fülle von Literaturhinweisen zur Thematik der Eurohypothek. Der Abschlussbericht dieser Expertengruppe wurde veröffentlicht: *Muniz Espada/Nasarre Aznar/Sánchez Jordán*, Un modelo para una Eurohipoteca – Desde el Informe Segré hasta hoy, Madrid 2008.
124 Im März 2003 hat die EU-Kommission eine aus 25 nationalen Experten bestehende sog. Forum-Gruppe zum Hypothekarkredit eingesetzt, die die Hindernisse definieren sollte, die dem grenzüberschreitenden Hypothekarkredit in der EU entgegenstehen, und Vorschläge zur weiteren Integration des Binnenmarktes für Hypothekarkredite erarbeiten sollte. Der Bericht dieser Forum-Gruppe wurde Ende 2004 veröffentlicht: *European Communities*, The Integration of the EU Mortgage Credit Markets – Report by the Forum Group on Mortgage Credit, 2004.
125 *EC*, Report by Forum Group, S. 30, (116): „The Forum Group discussed other ways to facilitate transfers of mortgages, focussing on the Euromortgage and the European Security Trust." Weiter heißt es dort (117): „The Forum Group considered the Euromortgage to be an alternative tool which could be introduced by Member States, without substantial changes to their existing legal systems, as it would operate under the rule of lex rei sitae. Such a pan-European non-accessory mortgage instrument could avoid burdensome and costly inquiries in other Member States concerning local regulations and the quality of the national mortgage instruments; reduce additional and differing formalities and authentication; offer mortgage collateral as security for more than one mortgage credit; enable easy transfer of the mortgage as well as the property; meet the requirements for cross-collateralisation on a cross-border basis; meet the requirements for securitisation and mortgage portfolio management; and enable the creation of bank syndicates for mortgage finance."

Auf Anregung der Expertengruppe „The Eurohypothec" lud der vdp diese Expertengruppe, die Mitglieder der Untergruppe „collateral" der Forum-Gruppe, Experten der nordeuropäischen Initiative zur grenzüberschreitenden Grundbuchvernetzung (EULIS)[126] sowie der europaübergreifenden Studie über Immobilienrecht der Europa-Universität in Florenz[127] und weitere Fachleute zu einigen mehrtätigen Workshops nach Berlin ein. Vom November 2004 bis zum April 2005 haben diese Experten gemeinsam die **Basic Guidelines for a Eurohypothec**" erarbeitet, die im Mai 2005 von der Polnischen Stiftung für Hypothekarkredit veröffentlicht wurden.[128] Die Herausforderung bestand darin, einerseits ein flexibles Kreditsicherungsrecht zu entwerfen, das allen modernen Anforderungen an Finanzierungsstrukturen entspricht, andererseits dieses Instrument funktionsfähig zu gestalten, indem es in alle europäische Rechtsordnungen integrierbar ist. Wenn auch noch nicht alle Details ausformuliert werden konnten, so liegen mit diesem Regelwerk konkrete Vorschläge für seine rechtlichen Strukturen sowie für die Identifizierung der Schnittstellen zu den nationalen Rechtsordnungen vor.

Größter Erfolg der Bemühungen auf Brüsseler Ebene bislang ist, dass die Idee der Eurohypothek in das **„Grünbuch** – Hypothekarkredite in der EU" der EU-Kommission aufgenommen wurde, das am 19.7.2005 veröffentlicht worden ist.[129] Darin nimmt die EU-Kommission die Eurohypothek-Projekte zur Kenntnis und kündigt an, die dort erarbeiteten Vorschläge zu prüfen. Die ökonomische Analyse der Vorschläge der Forum-Gruppe über Hypothekarkredite, die von der EU-Kommission in Auftrag gegeben wurde, erwähnt das Konzept der Eurohypothek positiv.[130] Weiterhin war die Thematik der Eurohypothek Gegenstand der Expertenanhörung der EU-Kommission zum Grünbuch am 7.12.2005 in Brüssel.

Während sich die vom vdp organisierten Workshops mit der inhaltlichen Ausgestaltung einer Eurohypothek befassten, konzentrierten sich die damaligen Diskussionen in Brüssel auf die Frage, ob man eine Eurohypothek überhaupt haben möchte und ob sie im Wege des sog. „26. Regime" eingeführt werden könnte.[131] Bei diesem 26. Regime ging es um die Vorstellung, eine Eurohypothek durch eine EU-Verordnung einzuführen, ohne dass nationale Anpassungsmaßnahmen erforderlich wären. Diese Idee verstärkte eine gewisse Betriebsamkeit in Brüssel, die allerdings zum Teil vom Fehlen der erforderlichen rechtsvergleichenden hypothekenrechtlichen Kenntnisse geprägt war. Für die Idee der Eurohypothek war dies nicht nur förderlich, da zuweilen von wenig realistischen Vorstellungen ausgegangen wurde. Häu-

---

126 Vgl. die Website von EULIS: www.eulis.org. Hierzu auch *Tiemer* in EMF, Mortgage Info, Computerisation of land registers and of registration of land and mortgage collateral in Europe, Brussels October 2007, S. 1 f., zum Entwicklungsstand in Deutschland dort *Luckow*, S. 4 f.
127 Vgl. die Website http://www.iue.it/LAW/ResearchTeaching/EuropeanPrivateLaw/Project RealPropertyLaw.shtml.
128 *Drewicz-Tułodziecka/Mortgage Credit Foundation*, Basic Guidelines for a Eurohypothec, Outcome of the Eurohypothec workshop November 2004/April 2005, 2005. Hierzu sogleich näher unter b.
129 Kommission der Europäischen Gemeinschaften, Grünbuch – Hypothekarkredite in der EU, Brüssel, 17.6.2005, (47) und (48).
130 *London Economics*, The Costs and Benefits of Integration of EU Mortgage Markets, Report for European Commission, DG – Internal Market and Services, August 2005, S. 69.
131 Durch die EU-Mitgliedschaft von Rumänien und Bulgarien müsste man folgerichtig nunmehr vom 28. Regime sprechen.

fig wurden auch verbraucherpolitische Fragen des Vertragsrechts mit dem Hypothekenrecht vermischt. Bei näherer Betrachtung ist eine Anpassung an die nationalen Schnittstellen sehr wohl erforderlich, insbesondere an das Grundbuch-, Vollstreckungs- und Insolvenzrecht. Als man sich des damit verbundenen relativ hohen Aufwandes bewusst wurde, verflog die Euphorie in Brüssel zusehends. Die Diskussionen konzentrieren sich daher wieder auf das vorrangige Thema der Verbraucherkredite, die aber aus Kostengründen auf europaweiter grenzüberschreitender Basis ein wenig realistisches Szenario sind.

Derzeit werden in Brüssel die bisherigen Vorschläge zur Eurohypothek in konkreter Form nicht weiterverfolgt. Insbesondere hat die EU-Kommission die Eurohypothek nicht in den Text des **Weißbuches** zum Hypothekarkredit aufgenommen, das am 19.12.2007 veröffentlicht wurde.[132] Jedoch wird die Eurohypothek im Annex 3 „Impact assessment of specific issues" (dort S. 169) als eine der Möglichkeiten erwähnt, den grenzüberschreitenden Transfer von Hypothekarkreditportfolien zu erleichtern. Dass die EU-Kommission sich zu der Idee einer Eurohypothek nicht konkreter äußert, sollte man durchaus nicht nur negativ beurteilen, weil dieses Zögern die noch erforderliche wissenschaftliche Vertiefung der Überlegungen ohne politisch motivierten Zeitdruck zulässt.

Allerdings gab es einen indirekten neueren Anstoß für weitere Arbeiten; denn die EU-Kommission hat Anfang 2006 eine Expertengruppe eingesetzt, die sich mit der grenzüberschreitenden Refinanzierung von Hypothekarkrediten befasst hat, die sog. EU Funding Group. Als wichtiges und drängendes Problem bei der Schaffung eines EU-Binnenmarktes für Hypothekenkredite hat diese Expertengruppe die rechtlichen Hindernisse bei der Übertragung von Hypothekenportfolien identifiziert und vorgeschlagen, grenzüberschreitende Portfolio-Transaktionen von grundpfandrechtlich gesicherten Krediten zu erleichtern.[133] Wie man dies rechtlich-konstruktiv erreichen soll, wird allerdings nicht konkretisiert. Klar ist jedoch, dass eine Eurohypothek hierbei sehr förderlich wäre.

Auf nationaler Ebene hat die Eurohypothek-Diskussion bereits zu **Modernisierungen** beigetragen, z.B. im Rahmen der Reform des Hypothekenrechts in Frankreich 2006 und der Hypothekenrechtsnovelle in Spanien 2007. Auch bei den Arbeiten zu tief greifenden Novellierungen der Zivilrechtsordnungen in Polen, Serbien und Ungarn greifen die Fachleute auf das Gedankengut zurück, das im Rahmen der Diskussionen über eine Eurohypothek entwickelt wurde.

Wissenschaftler in mehreren Ländern prüfen derzeit die Flexibilität ihrer jeweiligen nationalen Grundpfandrechtsarten und ziehen dabei als Prüfungsmaßstab auch die „Basic Guidelines for a Eurohypothec" heran. Derartige Arbeiten sollten verstärkt initiiert und gefördert werden. Sie sind nicht nur für die weiteren Arbeiten an einer Eurohypothek dringend erforderlich, um deren Integration in die nationalen Rechtsordnungen vorzubereiten und hierbei vertieft die Vereinbarkeit einer nicht-akzessorischen Eurohypothek mit den allgemeinen Grundprinzipien des Zivilrechts

---

132 *Kommission der Europäischen Gemeinschaften*, Weißbuch, Brüssel, 18.12.2007. Das Weißbuch wurde veröffentlicht unter http://ec.europa.eu/internal_market/finservices-retail/home-loans/integration_de.htm.
133 Der Bericht der EU Funding Group wurde veröffentlicht unter http://ec.europa.eu/internal_market/finservices-retail/home-loans/integration_de.htm.

darzustellen, zu denen in den meisten Mitgliedstaaten auch die Abhängigkeit der wirksamen dinglichen Verfügung von einer gültigen causa gehört (Einheitsprinzip oder bei Trennung von Planung und Vollzug das Kausalprinzip).[134] Sie liefern auch für die Praxis wertvolle und sofort verwertbare Erkenntnisse für die Nutzung der heutigen nationalen Grundpfandrechte.

Als Foren wissenschaftlichen Austausches dienen hierbei wissenschaftliche Veranstaltungen. 2007/2008 haben in den Niederlanden, in Portugal und in Spanien mehrere **Kongresse** zum Immobilienrecht das Thema der Eurohypothek im Zusammenhang mit der Frage der Ausweitung des sog. „Common Frame of Reference" für Vertragsrecht auf das Immobilienrecht aufgegriffen.

b. Basic Guidelines for a Eurohypothec

Vom November 2004 bis zum April 2005 hat eine Expertenrunde die „Basic Guidelines for a Eurohypothec" erarbeitet, die im Mai 2005 von der Polnischen Stiftung für Hypothekarkredit veröffentlicht wurden.[135] Konzipiert wurde ein flexibles Grundpfandrecht, das in seiner Existenz nicht von einer zu sichernden Forderung abhängig, mehrfach verwendbar und leicht übertragbar sein soll. Im Folgenden wird der wesentliche Text dieser Basic Guidelines in englischer Sprache abgedruckt, wie er im Jahre 2005 (in der Originalversion der Polnischen Hypothekenstiftung die Seiten 13–19) veröffentlicht wurde:

"2. PRINCIPLES

2.1. Eurohypothec

The Eurohypothec is a non-accessory land charge entitling the holder of the Eurohypothec to the payment of a certain sum of money out of the property right. Regularly it is used in combination with a security agreement.

2.2. Security Agreement

The security agreement stipulates under which the holder of the Eurohypothec may keep and enforce the Eurohypothec.

The security agreement is not the same as the loan contract. However, it may be included in the same document as the loan contract.

2.3. Lex Rei Sitae

The law of the Member State where the property is located (lex rei sitae) is applicable to the Eurohypothec, including the competent land register, the certificate of the Eurohypothec, and to any related security agreement.

3. CREATION

3.1. Owner's Consent

Only the land owner can create a Eurohypothec. The land owner and the debtor of the secured claim may be two different persons.

---

134 Dazu *Baur/Stürner*, Sachenrecht, 18. Aufl. 2009, § 64 Rn. 7 ff., 81, und bereits oben unter C.III.
135 *Drewicz-Tułodziecka/Mortgage Credit Foundation*, Basic Guidelines for a Eurohypothec, Outcome of the Eurohypothec workshop November 2004/April 2005, 2005.

National law may require an agreement between the owner and the future holder of the Eurohypothec as a substantive requirement for the creation of the Eurohypothec.

3.2. Registration and Formal Requirements

Within the framework of registration (number 7) the following principles apply to the Eurohypothec:

Opposability *(third party effect)*: The Eurohypothec must be registered in the competent national register as defined by national law.

Only when registered, the Eurohypothec is opposable against third parties.

Formal Requirements: Formal requirements as regards the declarations of the parties and registration are the same as for other real estate charges (mortgages) under national law.

Contents of Registration: Registration should contain the following points:

- the amount and currency of money payable[136],
- the name of the holder of the Eurohypothec,
- whether it is a certificated right (letter right) or a non-certificated right (non-letter right) (if the national law provides for both versions),
- whether or not the Eurohypothec is enforceable (if it is not yet enforceable by law),
- in the case of a multi-parcel (joint) Eurohypothec, the other land charged.

3.3. Certificated Right and Non-Certificated Right

National law may provide that the Eurohypothec be structured either as a certificated right (letter right) or as a non-certificated right (registered only right or non-letter right), according to the parties' choice.

The land register should state whether it is a certificated right or a non-certificated right, if the national law provides for both possibilities.

3.4. Payment

Capital Amount: The holder of the Eurohypothec is entitled to payment of the capital as registered. It must be a claim for payment of money.

The currency of any EU Member State may be used for the Eurohypothec; national law may provide that it also be created in another currency.

Interest: The Eurohypothec does not yield interest[137].

---

136 This currency and amount may differ from the amount payable according to the contractual agreement.

137 Some members propose that the national law may provide for the Eurohypothec to yield interest, which may differ from the interest rate agreed upon in the loan contract. The interest rate (or in the case of a flexible interest rate, the maximum rate) must be registered in the land register.

Secured Claim: *The creation, transfer and existence of the Eurohypothec and the exercise of the rights therein is not dependent on the existence of the secured claims*[138].

However, if the Eurohypothec is used for security purposes, the owner can object if the holder of the Eurohypothec exercises rights under the Eurohypothec which are not given to him under the terms of the security agreement.

3.5. Object

Land: *A Eurohypothec may be charged on land situated in any Member State of the European Union.*

Other Charged Objects: *The lex rei sitae determines to what extent land, but also buildings owned independently of the land or any another land charge or Eurohypothec, may be charged with an Eurohypothec. (In the case of a land charge, it will be called a sub-Eurohypothec).*

Multi-Parcel (Joint) or Transnational Eurohypothecs: *National law must provide for the possibility of several pieces of land situated within the same Member State to be charged under a single Eurohypothec (joint or multi-parcel Eurohypothecs).*

Several Eurohypothecs in different Member States may secure one or more claims (credit agreements) at the same time through a single security agreement (transnational Eurohypothecs).

Scope of the Eurohypothec: *The scope of the Eurohypothec is the same as for other land charges under national law, insofar as they cover the property and the fruits and profits of the property, in particular rents, appurtenances and also claims under insurance contracts for losses to the property, buildings and specified items*[139].

3.6. Holder

Owner's Eurohypothec: *National law may provide that the Eurohypothec can also be created in favour of the present owner himself. Then the owner stays holder of the Eurohypothec even after ownership of the land changes.*

Register Representative: *All natural persons and/or legal entities may hold a Eurohypothec. In the case of the creation or transfer of a Eurohypothec in favour of a legal entity with no legal personality (e.g. in the form of a trust or some other fiduciary capacity), the national law may require that the registration be valid only where there is registration of a register representative who will give full information and who is entitled to make any declaration on behalf the actual ownership of the Eurohypothec.*

---

[138] The causa of the Eurohypothec may lie in the security agreement or in a separate duty to create a Eurohypothec which might be included in the same document as the loan contract (see part C.II.2).
[139] Some members would prefer harmonisation of the scope of the Eurohypothec.

4. SECURITY AGREEMENT

4.1. Definitions and applicable law

'Security agreement' means a contractual agreement under which the owner provides a Eurohypothec by way of security in favour of the (future) holder of the Eurohypothec.

'Secured claim' means the obligations which are secured by a Security Agreement and which give rise to a right to cash settlement. They may consist of or include:

- present or future, actual, contingent or prospective obligations (including such obligations arising under a master agreement or similar arrangement);
- obligations owed to the future holder of the Eurohypothec by a person other than the collateral provider; or
- obligations of a specified class or kind arising from time to time.

The Eurohypothec can be used to secure cross-border loans but also, depending on the wishes of the parties, loans that only affect one country.

The security agreement is not subject to legal provisions for loan contracts. The applicable substantive law for the security agreement is the law of the Member State where the property is located (lex rei sitae)[140].

4.2. Form and Content

Any acquisition of a Eurohypothec as security, by a person other than the owner of the charged property, requires a security agreement.

Form

The security agreement must take the form required by national law. Oral agreements are invalid.

The owner is entitled to obtain a written copy of the security agreement. However, it does not have to be entered in the land register.

Minimum Provisions

A Security Agreement must contain the following minimum provisions:

- the names of the parties and the date of agreement,
- the Eurohypothec; it is possible to use one security agreement for several created Eurohypothecs or for multi-parcel Eurohypothecs,
- the claims to be secured,
- the conditions for redemption of the Eurohypothec by the security provider,
- the conditions of the enforcement procedure of the Eurohypothec, within the limits of the laws of the jurisdictions concerned.

---

140 Some members would prefer free choice of the applicable law for security agreements, in particular where commercial real estate loans are concerned.

Forbidden Clauses

The security agreement may not stipulate the following:

- *restrictions on the sale of the property as a whole,*
- *a clause of voie parée[141].*

Without the consent of the holder of the Eurohypothec in the form foreseen by the national law, the owner of the charged property may not create any charges on the property which could affect the Eurohypothec. This does not apply to charges inferior in rank.

4.3. Redemption and Owner's Rights

If there is no valid security agreement or if all secured claims have been repaid, the security provider has the right to demand redemption of the Eurohypothec or parts of it. He has the right to decide the means of redemption, whether it be extinguishment, transfer of the Eurohypothec to the security provider, or at his discretion to a third party. The holder of the Eurohypothec must contribute therefore, if necessary, at his own expense.

The security provider is allowed to assign the right to redemption to a third party.

In the case of a certificated Eurohypothec, the right to redemption includes the right to receive the certificate.

In the case of over-collateralisation, the security provider may, at his own expense, ask for partial adaptation of the collateral by reducing the amount of the Eurohypothec or via partial redemption.

In the event of enforcement, the holder of the different Eurohypothecs may be entitled under the security agreement to choose over which properties he wishes to carry out enforcement. As regards individual properties, the enforcement proceedings may be carried out separately or jointly[142].

If the holder of the Eurohypothec breaks the security agreement, the owner of the land is entitled to compensation for the damage suffered under the lex rei sitae. National law must provide effective compensation.

5. TRANSFER

5.1. Non-Certificated Right

The assignment of a non-certificated right is opposable to third parties only upon registration.

Registration of the assignment requires the consent of the previously registered owner of the Eurohypothec. National law may require an agreement between the previous and the new owner of the Eurohypothec as a substantive requirement for the assignment of the Eurohypothec.

---

141 Forfeiture clause.
142 Some members propose that a joint procedure should follow the same rules in all Member States.

5.2. Certificated Right

The assignment of a certificated right is governed by the law of the state where the land is situated.

The assignment is effective only if the Eurohypothec certificate has been handed over to the new holder of the Eurohypothec.

5.3. Formal Requirements

Formal requirements as to the parties' declarations of assignment, registration and transfer of the certificate must be the same as for other mortgages under national law.

5.4. Good Faith

Whoever, according to national law, acquires in good faith, is protected,

- as if the registered person were the true mortgagee,
- in case of a certificated right also, as if the holder of the certificated right were the true holder of the Eurohypothec, provided he can prove his right by an unbroken chain of assignments in authentic instruments.

This does not affect the owner's objections (5.6.).

5.5. Independence of Secured Claim

The transfer of the Eurohypothec cannot be made dependent on the condition of transfer of the secured claim.

5.6. Owner's Objections

National law may provide

- either that the security agreement in its latest version is binding for any future holder of the Eurohypothec and any third party as long as the security provider is not the holder of the Eurohypothec.
- or, alternatively, that the previous Eurohypothec holder is liable for all damages incurred by the owner, if he assigns the Eurohypothec without binding the assignee to the security agreement.

If the holder of the Eurohypothec transfers it to a third party, the holder must inform the third party about the security agreement. If there is no further agreement, the holder can fulfil this obligation by handing over the original documents to the third party.

The owner's rights to redemption are not subject to any time limitation or prescription as long as the Eurohypothec is registered.

6. EXTINGUISHMENT

6.1. Cancellation in the Register

The Eurohypothec is extinguished when it is deleted from the national competent register with the consent of the holder of the Eurohypothec and the owner. The Eurohypothec is not extinguished by the payment of the secured claims.

6.2. Passage of Time

The capital of the Eurohypothec is not subject to any time limit or prescription[143].

6.3. Owner's Rights under the Security Agreement

If the secured claims have been paid in full, the owner can demand cancellation of the Eurohypothec or its assignment to himself or to some other person of his choice.

The security agreement may state other cases in which the owner can demand cancellation or assignment of the Eurohypothec.

6.4. Exclusion of Unknown Holder

In the case where the holder of a Eurohypothec is permanently unknown or unattainable, or where the Eurohypothec certificate has been lost, the process foreseen under national law to cancel real charges will be applied."

c.   Ausgestaltung einer Eurohypothek

Funktional sollte eine Eurohypothek als Kreditsicherheit konzipiert sein, nicht als isoliertes Grundpfandrecht. Der Gedanke eines isolierten Grundpfandrechtes würde vor allem im romanischen Rechtskreis auf sehr großen Widerstand stoßen. Um den Gedanken einer Zweckbindung mittels eines Sicherungsvertrages leichter vermitteln zu können, spricht man mittlerweile bei Sicherungsgrundschuld und Eurohypothek teilweise weniger von Nicht-Akzessorietät als von einer „vertraglichen Akzessorietät".[144] Die Flexibilität des Grundpfandrechts wird konstruktiv dadurch erzielt, dass die gesetzliche Akzessorietät[145] durch einen gesetzlich angeordneten Sicherungsvertrag zu einer vertraglichen Akzessorietät[146] umgestaltet wird.

Auch die in skandinavischen Ländern und der Schweiz übliche Verbindung eines Grundpfandrechts mit einem von der Darlehensforderung getrennten Schuldversprechen dürfte wohl kaum europaweit als ein gesetzlich geregeltes Modell durchsetzbar sein, jedenfalls wenn es um Verbraucher als Besteller dieser Form einer Sicherheit geht. Näher zu untersuchen wäre jedoch, ob man nicht eine abweichende Regelung für gewerbliche Immobilieneigentümer schaffen sollte. In der internati-

---

143 However, if the Eurohypothec yields interest, prescriptions or other time limits may apply to the interest.
144 Dazu *Baur/Stürner*, Sachenrecht, 18. Aufl. 2009, § 64 Rn. 85 und § 36 Rn. 77a. Die Anwendung dieses Begriffes der vertraglichen Akzessorietät auf die Eurohypothek wurde im Jahre 2005 in einem Gespräch entwickelt, das der deutsche Notar Michael Becker (Dresden) und der französische Notar Maître Jerôme Chevrier am Rande eines Notarkongresses in Paris über die Eurohypothek geführt haben. Bereits die sprachliche Modifizierung von „nichtakzessorisch" in „vertraglich akzessorisch" hat zu einem deutlich besseren Verständnis der Grundstruktur einer Eurohypothek und des zentralen Rechtsinstruments des Sicherungsvertrages beigetragen und manche dogmatischen Widerstände vor allem im romanischen Rechtskreis reduziert.
145 In der europäischen Diskussion werden hierfür die Begriffe „accessorieté légale" und „statutory accessoriness" verwendet.
146 Dies wird als „accessorieté conventionelle obligatoire" und „compulsory contractual accessoriness" bezeichnet.

onalen gewerblichen Finanzierungspraxis legen immer häufiger verwendete Parallel Debt-Strukturen[147] eine solche Gestaltung nahe.[148]

Die praktische Verwendbarkeit eines Grundpfandrechts hängt sehr stark von seiner konstruktiven Flexibilität ab. Je stärker die gesicherte Forderung mit dem Grundpfandrecht konstruktiv verbunden ist, desto weniger flexibel ist die Kreditbeziehung gestaltbar. Bei streng akzessorischen Grundpfandrechten sind Änderungen bei der gesicherten Forderung, ein Wechsel des Gläubigers und damit die Übertragbarkeit stark eingeschränkt, nur mit einem hohen Aufwand und eventuellen Rangverlusten oder sogar überhaupt nicht möglich.[149] Daher sollte Autoren nicht gefolgt werden, die eine akzessorische Eurohypothek vorschlagen;[150] gegen solche Vorschläge äußern sich sehr dezidiert Kiesgen,[151] Kircher[152] und Stürner[153]. Die Grundpfandrechte in Europa weisen zwar einen sehr unterschiedlichen Grad an Akzessorietät auf und sind dementsprechend nicht einheitlich flexibel zur Sicherung von Krediten einsetzbar. Trotz dieser Vielfalt lässt sich jedoch feststellen, dass letztlich alle Grundpfandrechte mehr oder weniger durchsetzungsakzessorisch sind.

In Diskussionen über die Eurohypothek wird zuweilen eine Umfangs- und Zuständigkeitsakzessorietät gefordert, um eine doppelte Inanspruchnahme aus der gesicherten Forderung und aus dem Grundpfandrecht zu verhindern. Damit werden jedoch Fragen der Akzessorietät eines Grundpfandrechts mit der Frage forderungslosen gutgläubigen Erwerbs eines Grundpfandrechts vermengt, der bei akzessorischen und nicht-akzessorischen Grundpfandrechten gesetzlich gestattet sein kann und konstruktiv möglich ist. Zur angestrebten Schutzwirkung für Schuldner und Eigentümer ist es ausreichend, wenn sich die Durchsetzungsakzessorietät auch gegenüber einem öffentlichen Glauben des Grundbuches behauptet, wie dies neuerdings im deutschen Recht bei der Grundschuld – nicht dagegen bei der akzessorischen Hypothek – der Fall ist.[154] Wollte man dagegen eine Eurohypothek voll umfangs- und zuständigkeitsakzessorisch ausgestalten, gingen viele Vorteile der Flexibilität wieder verloren, die eine Eurohypothek gerade auszeichnen sollen.

Daher bleibt festzuhalten, dass sowohl bei einer Eurohypothek als auch bei den nationalen Grundpfandrechten auf Entstehens- und Erlöschensakzessorietät verzichtet werden sollte, ebenso auch auf Zuständigkeitsakzessorietät. Defizite beim Schutz des Schuldners/Eigentümers sind durch eine strenge Durchsetzungsakzes-

---

147 Zur parallel debt vgl. bereits oben unter C.III.1.c.
148 Aber auch in diesem Fall wäre darauf zu achten, dass die dingliche bzw. immobiliarrechtliche Gestaltung einer Eurohypothek nicht anhand der Eigenschaft des Eigentümers der belasteten Immobilie als Unternehmer oder Vergbraucher differenziert wird.
149 Hierzu *Baur/Stürner*, Sachenrecht, 18. Aufl. 2009, § 36 Rn. 79a; *Kircher*, S. 389; *Stöcker*, Die Eurohypothek, Berlin 1992, S. 191 ff.
150 Dies sind insbesondere *Wachter*, Die Eurohypothek – Grenzüberschreitende Kreditsicherung an Grundstücken im Europäischen Binnenmarkt, WM 1999, S. 49 ff., und *Habersack*, Die Akzessorietät – Strukturprinzip der europäischen Zivilrechte und eines künftigen europäischen Grundpfandrechts, JZ 1997, S. 857 ff.; ferner neuerdings *Sparkes*, European Land Law, 2007, S. 398 ff., 401.
151 S. 55 ff.
152 S. 556 ff.
153 *Baur/Stürner*, Sachenrecht, 18. Aufl. 2009, § 64 Rn. 85.
154 Vgl. Art. 6 RisikobegrenzungsG vom 12.8.2008, BGBl. I 2008, 1666 ff., durch den § 1192 Abs. 1a in das BGB eingefügt wurde.

sorietät auszugleichen. Die Gläubigerseite darf auch in der Vollstreckung nie mehr erhalten als es der noch offenen Forderung entspricht – aber dies sollte Inhalt der Durchsetzungsakzessorietät und nicht der Umfangsakzessorietät sein.

Literaturverzeichnis

Abbey/Richards, Blackstones Guide to the Land Registration Act 2002, Oxford 2002

v. Bar (Herausgeber), Sachenrecht in Europa, Bd. 1, Osnabrück 2000; Bd. 4, Osnabrück 2002

Baur/Stürner, Zwangsvollstreckungs-, Konkurs- und Vergleichsrecht, Bd. II Insolvenzrecht, 12. Auflage, Heidelberg 1990

Baur/Stürner, Sachenrecht, 18. Auflage, München 2009 (erscheint in Kürze)

Becker-Eberhard, Die Forderungsgebundenheit der Sicherungsrechte, Bielefeld 1993

Biederer, Die rechtlichen Voraussetzungen elektronischer Grundstückstransaktionen in rechtsvergleichender Sicht, Berlin 2006 (Schriftenreihe des vdp, Band 22)

Buchholz, Abstraktionsprinzip und Immobiliarrecht – Zur Geschichte der Auflassung und der Grundschuld, Frankfurt a.M. 1978

Buchholz, Zur Entstehung und Entwicklung der „abstrakten Hypothek": die Grundschuld als Sonderform der Hypothek im ostelbischen Raum, in: Coing/Wilhelm, Wissenschaft und Kodifikation des Privatrechts im 19. Jahrhundert, Band III, Frankfurt a.M. 1976, S. 218 ff.

Cristiá/Stöcker, Structured „Covered Bonds" in Argentina, Immobilien & Finanzierung 2007, S. 318 ff.

Dernburg, Das preußische Hypothekenrecht, Zweite Abtheilung, Leipzig 1891

Drewicz-Tułodziecka/Mortgage Credit Foundation, Basic Guidelines for a Eurohypothec, Outcome of the Eurohypothec workshop November 2004/April 2005, Warsaw 2005

Drewicz-Tułodziecka/Mortgage Credit Foundation, The expert opinion and position of the Mortgage Credit Foundation on the EBRD Report, Warsaw 2008

Drewicz-Tułodziecka/Fundacja na Rzecz Kredytu Hipotecznego, Nieruchomość jako przedmiot obrotu i zabezpieczenia w Polsce, Warschau 2008 (erscheint in Kürze auf Deutsch)

Drewicz-Tułodziecka/Soergel/Stöcker, Mehr Rechtssicherheit für die Hypothek in Polen, WM 2002, S. 891 ff.

Ebner, Grundeigentum und Sicherheiten in Tschechien, Berlin 2006 (Schriftenreihe des vdp, Band 21)

Kommission der Europäischen Gemeinschaften, Grünbuch – Hypothekarkredite in der EU, Brüssel, 17.6.2005

Literaturverzeichnis 131

Kommission der Europäischen Gemeinschaften, Weißbuch über die Integration der EU–Hypothekarkreditmärkte, Brüssel, 18.12.2007

Europäischer Hypothekenverband/European Mortgage Federation (EMF), Efficiency of mortgage collateral in the European Union, Brüssel 2002/2007

European Bank for Reconstruction and Development (EBRD), Mortgages in transition economies, London 2007

European Communities, The Integration of the EU Mortgage Credit Markets – Report by the Forum Group on Mortgage Credit, Brussels 2004

European Mortgage Federation (EMF), Mortgage Info October 2007, Computerisation of land registers and of registration of land and mortgage collateral in Europe

Frank/Wachter, Handbuch Immobilienrecht in Europa, Köln 2004

Glos/Sester, Rechtliche Anforderungen an die Berücksichtigung von Kreditsicherheiten im Rahmen der SolvV, BKR 2008, S. 315 ff.

Habersack, Die Akzessorietät – Strukturprinzip der europäischen Zivilrechte und eines künftigen europäischen Grundpfandrechts, JZ 1997, S. 857 ff.

Hofmann, Mortgage and Change. Gestaltungsmöglichkeiten im englischen Kreditsicherungsrecht, Berlin 2002

Hurdall, England and Wales, 3.2.1 in: Property in Europe – Law and Practice, edit Anthony Hurndall, London 1998

Hypothekenverband bei der EG, Der Hypothekarkredit in der Europäischen Gemeinschaft, Bonn 1990

Hypothekenverband bei der EG, Vergleichende Studie der Grundstückspfändungsverfahren, Brüssel 1979

Jaschinska, Polnische und deutsche Grundpfandrechte im Vergleich (Diss.), Berlin 2004

Jungmann, Grundpfandgläubiger und Unternehmensinsolvenz (Deutschland – England – Schottland), Köln 2004

Kiesgen, Ein Binnenmarkt für den Hypothekarkredit – Der Vorschlag zur Einführung einer Eurohypothek unter besonderer Berücksichtigung des Sicherungsvertrages, Köln 2004 – mit einer Darstellung des deutschen französischen und italienischen Hypothekenrechts

Kircher, Grundpfandrechte in Europa – Überlegungen zur Harmonisierung der Grundpfandrechte unter besonderer Berücksichtigung der deutschen, französischen und englischen Rechtsordnung, Berlin 2004

Knack/Keefer, Does Social Capital Have an Economic Payoff?, The Quarterly Journal of Economies, Harvard 1997, s. 1251 ff.

Köndgen/Stöcker, Die Eurohypothek – Akzessorietät als Gretchenfrage?, ZBB 2005, S. 112 ff. (114)

Kucherenko/Lassen: Ukraine, in: Stöcker, Flexibilität der Grundpfandrechte in Europa – Band II, Berlin 2007 (Schriftenreihe des vdp, Band 32), S. 193 ff.

Lassen, Die Hypothek nach russischem Recht als Kreditsicherungsmittel, Berlin 2007 (Schriftenreihe des vdp, Band 30)

Lassen: Russland, in: Stöcker, Flexibilität der Grundpfandrechte in Europa – Band II, Berlin 2007 (Schriftenreihe des vdp, Band 32), S. 81 ff.

London Economics, The Costs and Benefits of Integration of EU Mortgage Markets, Report for European Commission, DG – Internal Market and Services, August 2005

Luckow, Germany, in EMF, Mortgage Info, Computerisation of land registers and of registration of land and mortgage collateral in Europe, Brussels October 2007

Marburger, Gewichtung von Hypothekarkrediten nach neuer Solvabilitätsverordnung, Immobilien & Finanzierung 2007, S. 128 ff.

Marthinussen, Forholdet mellom panterett og pantekrav (Das Verhältnis zwischen Pfandrecht und Pfandforderung), Bergen 2009 (erscheint demnächst)

Medicus, Die Akzessorietät im Zivilrecht, JuS 1971, S. 497 ff.

Moody's Investors Service, Moody's European Country Tiering for CMBS Recovery Rate Assumptions: Focus on Key Jurisdictions, London, 28 January, 2005

Muniz Espada/Nasarre Aznar/Sánchez Jordán, Un modelo para una Eurohipoteca – Desde el Informe Segré hasta hoy, Madrid 2008

Murray, Real Estate Conveyancing in 5 European Union Member States: A Comparative Study, Cambridge August 2007

Murray, There is no free lunch – Rechtsvergleichende Studie zu Immobilientransaktionen, notar 5/2008, S. 4 ff.

Picherer, Sicherungsinstrumente bei Konsortialfinanzierungen von Hypothekenbanken, Frankfurt a.M. 2002 (Schriftenreihe des vdp, Band 14)

Ploeger/van Loenen, EULIS – At the Beginning of the Road to Harmonization of Land Registry in Europe, European Rev. of Private Law 2004, S. 379 ff.

Rink, Die Sicherheit von Grundpfandrechten in Deutschland und England (Diss.), Freiburg 2006

Schulz-Trieglaff, Grundschuld und Floating Charge zur Absicherung von Unternehmenskrediten, Frankfurt/M. 1997

Soergel/Stöcker, EU-Osterweiterung und dogmatische Fragen des Immobiliarsachenrechts – Kausalität, Akzessorietät und Sicherungszweck, ZBB 2002, 412–420

Sparkes, European Land Law, Oxford, 2007

Sparkes, Real Property Law and Procedure in the European Union, Annotated Draft Questionaire, Report from England and Wales, project is co-directed by the European University Institute (EUI) and the Deutsches Notarinstitut (DNotI), Würzburg/Germany (2004/2005)

Stadler, Gestaltungsfreiheit und Verkehrsschutz durch Abstraktion – eine rechtsvergleichende Studie zur abstrakten und kausalen Gestaltung rechtsgeschäftlicher Zuwendungen anhand des deutschen, schweizerischen, österreichischen, französischen und US-amerikanischen Rechts, Tübingen 1996

Städtler, Grundpfandrechte in der Insolvenz, Tübingen 1998

Staudinger/Wolfsteiner, Kommentar zum Bürgerlichen Gesetzbuch, Buch 3, Sachenrecht, §§ 1113–1203, Berlin 2002

Steven, Immobiliarsicherheiten im englischen und deutschen Recht, Frankfurt/M. 2002

Stöcker, § 86a: Grundzüge des Pfandbriefrechts, in: Schimansky/Bunte/Lwowski, Bankrechts-Handbuch, München 2007

Stöcker, (Red.), Flexibilität der Grundpfandrechte in Europa, Band I, Berlin 2006 (Schriftenreihe des vdp, Band 23)

Stöcker, (Red.), Flexibilität der Grundpfandrechte in Europa, Band II, Berlin 2007 (Schriftenreihe des vdp, Band 32)

Stöcker, Die Eurohypothek – Struktur einer ökonomischen Analyse, Immobilien & Finanzierung 2005, S. 766 ff.

Stöcker, Die Eurohypothek, Internationale Juristenvereinigung Osnabrück, Jahresheft 2007, S. 71 ff.

Stöcker, Die Eurohypothek – Zur Bedeutung eines einheitlichen nicht-akzessorischen Grundpfandrechts für den Aufbau eines „Europäischen Binnenmarktes für den Hypothekarkredit" mit einer Darstellung der Verwendung der Grundschuld durch die deutsche Hypothekarkreditpraxis sowie des französischen, spanischen und schweizerischen Hypothekenrechts, Berlin 1992 (zitiert: *Stöcker*, Die Eurohypothek)

Stöcker, Die grundpfandrechtliche Sicherung grenzüberschreitender Immobilienfinanzierungen, Die Eurohypothek – ein Sicherungsinstrument mit Realisierungschancen, WM 2006, S. 1941 ff.[155]

Stürner, Das Grundpfandrecht zwischen Akzessorietät und Abstraktheit und die europäische Zukunft, Festschrift für Rolf Serick, Heidelberg 1992, S. 377 ff.

Stürner/Kern, Grundsatzfragen des US-Hypothekenrechts, in: Schwenzer/Hager (Hrsg.), Festschrift für Peter Schlechtriem, 2003, S. 923 ff.

---

155 Dieser Beitrag wurde auch in englischer Übersetzung veröffentlicht: *Stöcker*, Real estate liens as security for cross-border property finance, The Eurohypothec – a security instrument with real prospects, Revista Crítica de Derecho Inmobiliario, Madrid 2007, S. 2255 ff.

Stürner/Kern, Deutsche Hypothekenpfandbriefe und U.S.-amerikanische Deckungswerte, 2007

Stürner/Stadler, Hypothekenpfandbriefe und Deckungswerte in der Schweiz, Berlin 2007 (Schriftenreihe des vdp, Band 31)

Tiemer, Introduction, in EMF, Mortgage Info, Computerisation of land registers and of registration of land and mortgage collateral in Europe, Brussels October 2007, S. 1 f.

Trotz, Aspekte der Bewertung: Rating, Securitisation und Standardisierung, Immobilien & Finanzierung 2004, S. 78 f.

vdp, Jahresbericht 2007

Wachter, Die Eurohypothek – Grenzüberschreitende Kreditsicherung an Grundstücken im Europäischen Binnenmarkt, WM 1999, S. 49 ff.

Wehrens, Der Schweizer Schuldbrief und die deutsche Briefgrundschuld, Ein Rechtsvergleich als Basis einer zukünftigen Eurohypothek, Österreichische Notarzeitung (ÖNotZ) 1988, S. 181 ff.

Wehrens, Real Security Regarding Immovable Objects – Reflection on a Euro-Mortgage, in: Towards a European Civil Code, The Hague/London/Boston 1998, S. 551 ff.

Wehrens, Überlegungen zu einer Eurohypothek, WM 1992, S. 557 ff.

Wolfsteiner/Stöcker, Nicht-akzessorisches Grundpfand für Mitteleuropa, ZBB 1998, S. 264 ff., und DNotZ 1999, S. 451 ff. (in englischer Übersetzung – A non-accessory Security Right over Real Property for Central Europe – erschienen in Notarius International 2003, S. 116 ff.)

Zevenbergen, Registration of property rights; a systems approach – Similar tasks, but different roles, Notarius International 2003, S. 125 ff.

In der Schriftenreihe des Verbandes deutscher Pfandbriefbanken erschienen bisher:

Bühler/Hies/Zimmermann:
Liquidität für den deutschen Pfandbrief
Fritz Knapp Verlag, 1996
ISBN 3 7819 0575 6
Band 1

Hies:
Refinanzierung deutscher Hypothekenbanken – Gegenwart und Zukunft
Fritz Knapp Verlag, 1996
ISBN 3 7819 0578 0
Band 2

Dübel/Pfeiffer:
Risikogewichtete Eigenkapitalanforderungen und die Risiken des gewerblichen Hypothekarkredites in Europa
Fritz Knapp Verlag, 1996
ISBN 3 7819 0585 3
(auch in Englisch)
Band 3

Gluch:
Gewerbliche Bauinvestitionen in ausgewählten EU-Staaten Entwicklung und Strukturen seit 1980
Fritz Knapp Verlag, 1997
ISBN 3 7819 0595 0
Band 4

Stöcker:
Die Hypothekenbanken und der Pfandbrief in den mitteleuropäischen Reformländern
Fritz Knapp Verlag, 1998
ISBN 3 7819 0627 2
Band 5

Verband deutscher Hypothekenbanken (Hrsg.):
Die Steuerreform aus immobilienwirtschaftlicher Sicht – Materialien
Fritz Knapp Verlag, 1998
ISBN 3 7819 0629 9
Band 6

Stürner:
Die Sicherung der Pfandbrief- und Obligationengläubiger vor einer Insolvenz der Hypothekenbank – Geltendes Recht und Reformvorschläge
Fritz Knapp Verlag, 1998
ISBN 3 7189 0633 7
Band 7

Köndgen/Dübel/Lea:
Die vorzeitige Rückzahlung von Festzinskrediten. Eine rechtsvergleichende und ökonomische Analyse
Fritz Knapp Verlag, 2000
ISBN 3 7819 061 5
Band 8

Stürner/Stadler:
Deutsche Pfandbriefe und Deckungswerte in den Niederlanden Ein Gutachten
Fritz Knapp Verlag, 2000
ISBN 3 7819 0655 8
Band 9

Stürner/Schumacher/Bruns:
Der deutsche Pfandbrief und englische Deckungswerte
Fritz Knapp Verlag, 2000
ISBN 3 7819 0656 6
Band 10

Verband deutscher Hypothekenbanken (Hrsg.):
Struktur und Entwicklung der Eigenheim- und Gewerbefinanzierung der deutschen Hypothekenbanken
Fritz Knapp Verlag, 2000
ISBN 3 7819 0663 9
Band 11

Birg:
Trends der Bevölkerungsentwicklung
Fritz Knapp Verlag, 2000
ISBN 3 7819 0668 X
Band 12

Rüchardt:
Der Beleihungswert
Fritz Knapp Verlag 2001
ISBN 2 8314 0715 0
(auch in Englisch)
Band 13

Picherer:
Sicherungsinstrumente bei Konsortialfinanzierungen von Hypothekenbanken
Fritz Knapp Verlag, 2002
ISBN 3 8314 0718 5
Band 14

Stürner/Stadler:
Pfandbriefe und Beleihung in Spanien
Fritz Knapp Verlag, 2002
ISBN 3 8314 0734 7
Band 15

Schätzl:
Strukturwandel im Gewerbeimmobilienmarkt
Fritz Knapp Verlag, 2002
ISBN 3 8324 0729 0
Band 16

Schmidt:
Absicherung von Darlehen durch Grundpfandrechte
Fritz Knapp Verlag, 2004
ISBN 3 8314 0761 4
Band 17

Stöcker:
Realkredit und Pfandbriefsicherheit
Fritz Knapp Verlag, 2004
ISBN 3 8314 0769 X
Band 18

Stürner:
Deutsche öffentliche Pfandbriefe und Deckungswerte aus Darlehen an US-amerikanische öffentliche Körperschaften
Fritz Knapp Verlag, 2005
ISBN 3 8314 0787 8
Band 19

Dübel/Köndgen:
Die vorzeitige Rückzahlung von Festzinskrediten in Europa – Zwei Gutachten
Fritz Knapp Verlag, 2006
ISBN 3-8314-0796-7
Band 20

Ebner:
Grundeigentum und Sicherheiten in Tschechien
Hrsg.: vdp, 2006
ISBN 3-9811273-0-7
Band 21

Biederer:
Die rechtlichen Voraussetzungen elektronischer Grundstückstransaktionen in rechtsvergleichender Sicht
Hrsg.: vdp, 2006
ISBN 3-9811273-1-5
Band 22

Stöcker:
Flexibilität der Grundpfandrechte in Europa Band I
Hrsg.: vdp, 2006
ISBN 3-9811273-2-3
Band 23

Stürner/Kern:
Deutsche öffentliche Pfandbriefe und japanische Deckungswerte
Hrsg.: vdp, 2006
ISBN 3-9811273-3-1
Band 24

Rechtsfragen der Immobilienfinanzierung in England und Wales
Hrsg.: vdp, 2006
ISBN 978-3-9811273-4-8
Band 25

Voigtländer/Hofer:
Mietwohnungsmarkt und Wohneigentum – Zwei Gutachten
Hrsg.: vdp, 2006
ISBN: 978-3-9811273-5-5
Band 26

Ebner/Illa:
Grundeigentum und Sicherheiten in Ungarn
Hrsg.: vdp in Zusammenarbeit mit dem Center of Legal Competence (CLC), Wien, 2007
ISBN: 978-3-9811273-6-2
Band 27

Stürner/Kern:
Deutsche Hypothekenpfandbriefe und U.S.-amerikanische Deckungswerte
Hrsg.: vdp, 2007
ISBN: 978-3-9811273-8-6
Band 28

Sacalschi:
Grundeigentum und Sicherheiten in Rumänien
Hrsg.: vdp in Zusammenarbeit mit dem Center of Legal Competence (CLC), Wien, 2007
ISBN: 978-3-9811273-9-3
Band 29

Lassen:
Die Hypothek nach russischem Recht als Kreditsicherungsmittel
Hrsg.: vdp, 2007
ISBN: 978-3-9811816-0-9
Band 30

Stürner/Stadler:
Hypothekenpfandbriefe und Deckungswerte in der Schweiz
Hrsg.: vdp, 2007
ISBN: 978-3-9811816-1-6
Band 31

Stöcker:
Flexibilität der Grundpfandrechte in Europa Band II
Hrsg.: vdp, 2007
ISBN: 978-3-9811816-2-3
Band 32

Crimmann/Rüchardt:
**Der Beleihungswert
– Zwei Teile –**
Hrsg.: vdp, 2008
ISBN: 978-3-9811816-3-0
Band 33

Stessl:
Real Property Rights in the Slovak Republic
Hrsg.: vdp in Zusammenarbeit mit dem Center of Legal Competence (CLC), 2008
ISBN: 978-3-9811816-4-7
Band 34

Stoimenov/Ivanov:
Grundeigentum und Sicherheiten in Bulgarien
Hrsg.: vdp in Zusammenarbeit mit dem Center of Legal Competence (CLC), 2008
ISBN: 978-3-9811816-5-4
Band 35

Linkert:
Insolvenzrechtliche Risiken bei Asset-Backed Securities
Berlin, 2008
ISBN: 978-3-9811816-6-1
Band 36

Herausgeber:
Verband deutscher Pfandbriefbanken e.V.
Georgenstraße 21
10117 Berlin
Telefon: +49 30 20915-100
Telefax: +49 30 20915-419
E-Mail: info@pfandbrief.de
Internet: www.pfandbrief.de

Postanschrift:
Postfach 64 01 36
10047 Berlin